D1562874

1932

Discusión

Mª Carmen Vicente Quesada
New Haven, mayo 2009

Biblioteca Borges

Jorge Luis
Borges
Discusión

El libro de bolsillo
Biblioteca de autor
Alianza Editorial

Discusión fue publicado originalmente en 1932. Esta edición corresponde a la que, revisada por el propio autor, publicó Emecé Editores en 1964

Primera edición en «El libro de Bolsillo»: 1976
Quinta reimpresión: 1995
Primera edición, revisada, en «Biblioteca de autor»: 1997
Cuarta reimpresión: 2007

Diseño de cubierta: Alianza Editorial sobre un diseño de Rafael Celda
Ilustración: El Bosco, *Tríptico de la mártir crucificada* (detalle)
Palacio Ducal, Venecia

© 1995 María Kodama
© Alianza Editorial, S. A., Madrid, 1976, 1980, 1983, 1986, 1991, 1995, 1997, 1999, 2002, 2003, 2007
    Calle Juan Ignacio Luca de Tena, 15; 28027 Madrid; teléf. 91 393 88 88
    www.alianzaeditorial.es
    ISBN: 978-84-206-3331-2
    Depósito legal: S. 1.928-2006
    Impreso en Gráficas Varona, S. A. Salamanca
    Printed in Spain

SI QUIERE RECIBIR INFORMACIÓN PERIÓDICA SOBRE LAS NOVEDADES DE ALIANZA EDITORIAL, ENVÍE UN CORREO ELECTRÓNICO A LA DIRECCIÓN:
alianzaeditorial@anaya.es

Esto es lo malo de no hacer imprimir las obras: que se va la vida en rehacerlas.

ALFONSO REYES, *Cuestiones gongorinas,* 60

Prólogo

Las páginas recopiladas en este libro no precisan mayor elucidación. El arte narrativo y la magia, Films *y* La postulación de la realidad *responden a cuidados idénticos y creo que llegan a ponerse de acuerdo.* Nuestras imposibilidades *no es el charro ejercicio de invectiva que dijeron algunos; es un informe reticente y dolido de ciertos caracteres de nuestro ser que no son tan gloriosos*[1]. Una vindicación del falso Basílides *y* Una vindicación de la cábala *son resignados ejercicios de anacronismo: no restituyen el difícil pasado –operan y divagan con él.* La duración del Infierno *declara mi afición*

---

1. El artículo, que ahora parecería muy débil, no figura en esta reedición. (Nota de 1955.)

incrédula y persistente por las dificultades teológi-
cas. Digo lo mismo de La penúltima versión de la
realidad. Paul Groussac *es la más prescindible pá-*
gina del volumen. La intitulada El otro Whitman
omite voluntariamente el fervor que siempre me ha
dictado su tema; deploro no haber destacado algo
más las numerosas invenciones retóricas del poeta,
más imitadas ciertamente y más bellas que las de
Mallarmé o las de Swinburne. La perpetua carrera de Aquiles y la tortuga *no solicita otra virtud*
que la de su acopio de informes. Las versiones ho-
méricas *son mis primeras letras –que no creo as-*
cenderán a segundas– de helenista adivinatorio.

Vida y muerte le han faltado a mi vida. De esa
indigencia, mi laborioso amor por estas minucias.
No sé si la disculpa del epígrafe me valdrá.

1932, Buenos Aires

La poesía gauchesca

Es fama que le preguntaron a Whistler cuánto tiempo había requerido para pintar uno de sus *nocturnos* y que respondió: «Toda mi vida.» Con igual rigor pudo haber dicho que había requerido todos los siglos que precedieron al momento en que lo pintó. De esa correcta aplicación de la ley de causalidad se sigue que el menor de los hechos presupone el inconcebible universo e, inversamente, que el universo necesita del menor de los hechos. Investigar las causas de un fenómeno, siquiera de un fenómeno tan simple como la literatura gauchesca, es proceder en infinito; básteme la mención de *dos* causas que juzgo principales.

Quienes me han precedido en esta labor se han limitado a una: la vida pastoril que era típica

11

de las cuchillas y de la pampa. Esa causa, apta sin
duda para la amplificación oratoria y para la digresión pintoresca, es insuficiente; la vida pastoril ha sido típica de muchas regiones de América,
desde Montana y Oregón hasta Chile, pero esos
territorios, hasta ahora, se han abstenido enérgi-
camente de redactar *El gaucho Martín Fierro*. No
bastan, pues, el duro pastor y el desierto. El *cow-
boy*, a pesar de los libros documentales de Will
James y del insistente cinematógrafo, pesa menos en la literatura de su país que los chacareros
del Middle West o que los hombres negros del
Sur... Derivar la literatura gauchesca de su materia, el gaucho, es una confusión que desfigura la
notoria verdad. No menos necesario para la formación de ese género que la pampa y que las cuchillas fue el carácter urbano de Buenos Aires y
de Montevideo. Las guerras de la Independencia,
la guerra del Brasil, las guerras anárquicas, hicieron que hombres de cultura civil se compenetra-
ran con el gauchaje; de la azarosa conjunción de
esos dos estilos vitales, del asombro que uno
produjo en otro, nació la literatura gauchesca.
Denostar (algunos lo han hecho) a Juan Cruz
Varela o a Francisco Acuña de Figueroa por no
haber ejercido, o inventado, esa literatura, es una
necedad; sin las humanidades que representan

sus odas y paráfrasis, Martín Fierro, en una pulpería de la frontera, no hubiera asesinado, cincuenta años después, al moreno. Tan dilatado y tan incalculable es el arte, tan secreto su juego. Tachar de artificial o de inveraz a la literatura gauchesca porque ésta no es obra de gauchos, sería pedantesco y ridículo; sin embargo, no hay cultivador de ese género que no haya sido alguna vez, por su generación o las venideras, acusado de falsedad. Así, para Lugones, el *Aniceto* de Ascasubi «es un pobre diablo, mezcla de filosofastro y de zumbón»; para Vicente Rossi, los protagonistas del *Fausto* son «dos chacareros chupistas y charlatanes»; Vizcacha, «un mensual anciano, maniático»; Fierro, «un fraile federal-oribista con barba y chiripá». Tales definiciones, claro está, son meras curiosidades de la invectiva; su débil y remota justificación es que todo gaucho de la literatura (todo personaje de la literatura) es, de alguna manera, el literato que lo ideó. Se ha repetido que los héroes de Shakespeare son independientes de Shakespeare; para Bernard Shaw, sin embargo, «*Macbeth* es la tragedia del hombre de letras moderno, como asesino y cliente de brujas»... Sobre la mayor o menor autenticidad de los gauchos escritos, cabe observar, tal vez, que para casi todos nosotros, el gaucho es un ob-

jeto ideal, prototípico. De ahí un dilema: si la figura que el autor nos propone se ajusta con rigor
a ese prototipo, la juzgamos trillada y convencional; si difiere, nos sentimos burlados y defrauda-
dos. Ya veremos después que de todos los héroes
de esa poesía, Fierro es el más individual, el que
menos responde a una tradición. El arte, siempre,
opta por lo individual, lo concreto; el arte no es
platónico.

Emprendo, ahora, el examen sucesivo de los
poetas.

El iniciador, el Adán, es Bartolomé Hidalgo, mon-
tevideano. La circunstancia de que en 1810 fue
barbero parece haber fascinado a la crítica; Lugones, que lo censura, estampa la voz «rapabar-
bas»; Rojas, que lo pondera, no se resigna a prescindir de «rapista». Lo hace, de una plumada,
payador, y lo describe en forma ascendente, con
acopio de rasgos minuciosos e imaginarios:
«vestido el chiripá sobre su calzoncillo abierto en
cribas; calzadas las espuelas en la bota sobada del
caballero gaucho; abierta sobre el pecho la cami-
seta oscura, henchida por el viento de las pampas, alzada sobre la frente el ala de chambergo,
como si fuera siempre galopando la tierra natal;
ennoblecida la cara barbuda por su ojo experto

en las baquías de la inmensidad y de la gloria». Harto más memorables que esas licencias de la iconografía, y la sastrería, me parecen dos circunstancias, también registradas por Rojas: el hecho de que Hidalgo fue un soldado, el hecho de que, antes de inventar al capataz Jacinto Chano y al gaucho Ramón Contreras, abundó –disciplina singular en un payador– en sonetos y en odas endecasílabas. Carlos Roxlo juzga que las composiciones rurales de Hidalgo «no han sido superadas aún por ninguno de los que han descollado, imitándolo». Yo pienso lo contrario; pienso que ha sido superado por muchos y que sus diálogos, ahora, lindan con el olvido. Pienso también que su paradójica gloria radica en esa dilatada y diversa superación filial. Hidalgo sobrevive en los otros, Hidalgo es de algún modo los otros. En mi corta experiencia de narrador, he comprobado que saber cómo habla un personaje es saber quién es, que descubrir una entonación, una voz, una sintaxis peculiar, es haber descubierto un destino. Bartolomé Hidalgo descubre la entonación del gaucho; eso es mucho. No repetiré líneas suyas; inevitablemente incurriríamos en el anacronismo de condenarlas, usando como canon las de sus continuadores famosos. Básteme recordar que en las ajenas melodías que oiremos está la voz de Hidalgo, inmortal, secreta y modesta.

Hidalgo falleció oscuramente de una enfermedad pulmonar, en el pueblo de Morón, hacia 1823. Hacia 1841, en Montevideo, rompió a cantar, multiplicado en insolentes seudónimos, el cordobés Hilario Ascasubi. El porvenir no ha sido piadoso con él, ni siquiera justo.

Ascasubi, en vida, fue el «Béranger del Río de la Plata»; muerto, es un precursor borroso de Hernández. Ambas definiciones, como se ve, lo traducen en mero borrador –erróneo ya en el tiempo, ya en el espacio– de otro destino humano. La primera, la contemporánea, no le hizo mal: quienes la apadrinaban no carecían de una directa noción de quién era Ascasubi, y de una suficiente noticia de quién era el francés; ahora, los dos conocimientos ralean. La honesta gloria de Béranger ha declinado, aunque dispone todavía de tres columnas en la *Encyclopaedia Britannica,* firmadas por nadie menos que Stevenson; y la de Ascasubi... La segunda, la de premonición o aviso del *Martín Fierro,* es una insensatez: es accidental el parecido de las dos obras, nulo el de sus propósitos. El motivo de esa atribución errónea es curioso. Agotada la edición príncipe de Ascasubi en 1872 y rarísima en librería la de 1900, la empresa La Cultura Argentina quiso facilitar al público alguna de sus obras. Razones de largura y de seriedad eligieron el *Santos Vega*, impenetrable sucesión de trece mil versos, de siempre acometida y siempre postergada lectura. La gente, fastidiada, ahuyentada, tuvo que recurrir a ese respetuoso sinónimo de la incapacidad meritoria: el concepto de precursor. Pensarlo precursor de su declarado discípulo, Estanislao del Campo, era demasiado evidente; resolvieron emparentarlo con José Hernández. El proyecto adolecía de esta molestia, que razonaremos después: la superioridad del precursor, en esas pocas páginas ocasionales –las descripciones del amanecer, del malón– cuyo tema es igual. Nadie se demoró en esa paradoja, nadie pasó de esta comprobación evidente; la general inferioridad de Ascasubi. (Escribo con algún remordimiento; uno de los distraídos fui yo, en cierta consideración inútil sobre Ascasubi.) Una liviana meditación, sin embargo, habría demostrado que postulados bien los propósitos de los dos escritores, una frecuente superioridad parcial de Aniceto era de prever. ¿Qué fin se proponía Hernández? Uno, limitadísimo: la historia del destino de Martín Fierro, referida por éste. No intuimos los hechos,

sino al paisano Martín Fierro contándolos. De
ahí que la omisión, o atenuación del color local
sea típica de Hernández. No especifica día y noche, el pelo de los caballos: afectación que en
nuestra literatura de ganaderos tiene correlación
con la británica de especificar los aparejos, los
derroteros y las maniobras, en su literatura del
mar, pampa de los ingleses. No silencia la realidad, pero sólo se refiere a ella en función del carácter del héroe. (Lo mismo, con un ambiente
marinero, hace Joseph Conrad.) Así, los muchos
bailes que necesariamente figuran en su relato no
son nunca descritos. Ascasubi, en cambio, se
propone la intuición directa del baile, del juego
discontinuo de los cuerpos que se están enten-
diendo (*Paulino Lucero*, pág. 204):

> *Sacó luego a su aparcera*
> *la Juana Rosa a bailar*
> *y entraron a menudiar*
> *media caña y caña entera.*
> *¡Ah, china! si la cadera*
> *del cuerpo se le cortaba*
> *pues tanto lo mezquinaba*
> *en cada dengue que hacía,*
> *que medio se le perdía*
> *cuando Lucero le entraba.*

Y esta otra décima vistosa, como baraja nueva
(*Aniceto el Gallo,* pág. 176):

> *Velay Pilar, la Porteña*
> *linda de nuestra campaña,*
> *bailando la media caña:*
> *vean si se desempeña*
> *y el garbo con que desdeña*
> *los entros de ese gauchito,*
> *que sin soltar el ponchito*
> *con la mano en la cintura*
> *le dice en esa postura:*
> *¡mi alma! yo soy compadrito.*

Es iluminativo también cotejar la noticia de
los malones que hay en el *Martín Fierro* con la inmediata presentación de Ascasubi. Hernández
(*La vuelta,* canto cuarto) quiere destacar el horror juicioso de Fierro ante la desatinada depre-
dación; Ascasubi (*Santos Vega,* XIII), las leguas
de indios que se vienen encima:

> *Pero al invadir la Indiada*
> *se siente, porque a la fija*
> *del campo la sabandija*
> *juye delante asustada*
> *y envuelto en la manguiada*

vienen perros cimarrones,
zorros, avestruces, liones,
gamas, liebres y venaos
y cruzan atribulaos
por entre las poblaciones.

Entonces los ovejeros
coliando bravos torean
y también revolotean
gritando los teruteros;
pero, eso sí, los primeros
que anuncian la novedá
con toda seguridá
cuando los pampas avanzan
son los chajases que lanzan
volando: ¡chajá! ¡chajá!

Y atrás de esas madrigueras
que los salvajes espantan,
campo ajuera se levantan
como nubes, polvaredas
preñadas todas enteras
de pampas desmelenaos
que al trote largo apuraos,
sobre los potros tendidos,
cargan pegando alaridos
y en media luna formaos.

Lo escénico otra vez, otra vez la fruición de contemplar. En esa inclinación está para mí la singularidad de Ascasubi, no en las virtudes de su ira unitaria, destacada por Oyuela y por Rojas. Éste (*Obras*, IX, pág. 671) imagina la desazón que sus payadas bárbaras produjeron, sin duda, en don Juan Manuel y recuerda el asesinato, dentro de la plaza sitiada de Montevideo, de Florencio Varela. El caso es incomparable: Varela, fundador y redactor de *El Comercio del Plata*, era persona internacionalmente visible; Ascasubi, payador incesante, se reducía a improvisar los versos caseros del lento y vivo truco del sitio.

Ascasubi, en la bélica Montevideo, cantó un odio feliz. El *facit indignatio versum* de Juvenal no nos dice la razón de su estilo; tajeador a más no poder, pero tan desaforado y cómodo en las injurias que parece una diversión o una fiesta, un gusto de vistear. Eso deja entrever una suficiente décima de 1849 (*Paulino Lucero*, pág. 336):

> *Señor patrón, allá va*
> *esa carta ¡de mi flor!*
> *con la que al Restaurador*
> *le retruco desde acá.*
> *Si usté la lé, encontrará*

> *a lo último del papel*
> *cosas de que nuestro aquel*
> *allá también se reirá;*
> *porque a decir la verdá*
> *es gaucho don Juan Manuel.*

Pero contra ese mismo Rosas, tan gaucho, moviliza bailes que parecen evolucionar como ejércitos. Vuelva a serpear y a resonar esta primera vuelta de su *media caña del campo, para los libres:*

> *Al potro que en diez años*
> *naides lo ensilló,*
> *don Frutos en Cagancha*
> > *se le acomodó,*
> > *y en el repaso*
> > *le ha pegado un rigor*
> > *superiorazo.*
> *Querelos mi vida –a los Orientales*
> *que son domadores– sin dificultades.*
> *¡Que viva Rivera! ¡que viva Lavalle!*
> *Tenémelo a Rosas... que no se desmaye.*
> > *Media caña,*
> > *a campaña.*
> > *Caña entera,*
> > *como quiera.*

> *Vamos a Entre Ríos, que allá está Badana,*
> *a ver si bailamos esta Media Caña:*
> *que allá está Lavalle tocando el violín,*
> *y don Frutos quiere seguirla hasta el fin.*
>> *Los de Cagancha*
>> *se le afirman al diablo*
>> *en cualquier cancha.*

Copio, también, esta peleadora felicidad (*Paulino Lucero*, pág. 58):

> *Vaya un cielito rabioso*
> *cosa linda en ciertos casos*
> *en que anda el hombre ganoso*
> *de divertirse a balazos.*

Coraje florido, gusto de los colores límpidos y de los objetos precisos, pueden definir a Ascasubi. Así, en el principio del *Santos Vega*:

> *El cual iba pelo a pelo*
> *en un potrillo bragao,*
> *flete lindo como un dao*
> *que apenas pisaba el suelo*
> *de livianito y delgao.*

Y esta mención de una figura (*Aniceto el Gallo*, pág. 147):

> *Velay la estampa del Gallo*
> *que sostiene la bandera*
> *de la Patria verdadera*
> *del Veinticinco de Mayo.*

Ascasubi, en *La refalosa*, presenta el pánico normal de los hombres en trance de degüello; pero razones evidentes de fecha le prohibieron el anacronismo de practicar la única invención literaria de la guerra de mil novecientos catorce; el patético tratamiento del miedo. Esa invención –paradójicamente preludiada por Rudyard Kipling, tratada luego con delicadeza por Sheriff y con buena insistencia periodística por el concurrido Remarque– les quedaba todavía muy a trasmano a los hombres de mil ochocientos cincuenta.

Ascasubi peleó en Ituzaingó, defendió las trincheras de Montevideo, peleó en Cepeda, y dejó en versos resplandecientes sus días. No hay el arrastre de destino en sus líneas que hay en el *Martín Fierro;* hay esa despreocupada, dura inocencia de los hombres de acción, huéspedes continuos de la aventura y nunca del asombro. Hay también su buena zafaduría, porque su destino era la guitarra insolente del compadrito y los fogones de la tropa. Hay asimismo (virtud correlativa de ese vicio y también popular) la felicidad prosódica: el verso baladí que por la sola entonación ya está bien.

De los muchos seudónimos de Ascasubi, Aniceto el Gallo fue el más famoso; acaso el menos agraciado, también. Estanislao del Campo, que lo imitaba, eligió el de Anastasio el Pollo. Ese nombre ha quedado vinculado a una obra celebérrima: el *Fausto. Es* sabido el origen de ese afortunado ejercicio; Groussac, no sin alguna inevitable perfidia, lo ha referido así: «Estanislao del Campo, oficial mayor del gobierno provincial, tenía ya despachados sin gran estruendo muchos expedientes en versos de cualquier metro y jaez, cuando por agosto del 66, asistiendo a una exhibición del *Fausto* de Gounod en el Colón, ocurrióle fingir, entre los espectadores del paraíso, al gaucho Anastasio, quien luego refería a un aparcero sus impresiones, interpretando a su modo las fantásticas escenas. Con un poco de vista gorda al argumento, la parodia resultaba divertidísima, y recuerdo que yo mismo festejé en la *Revista Argentina* la "reducción" para guitarra, de la aplaudida partitura... Todo se juntaba para el éxito; la boga extraordinaria de la ópera, recién estrenada en Buenos Aires; el sesgo cómico del

"pato" entre el diablo y el doctor, el cual, así paro-
diado, retrotraía el drama, muy por encima del
poema de Goethe, hasta sus orígenes populares y
medievales; el sonsonete fácil de las redondillas,
en que el trémolo sentimental alternaba diestra-
mente con los puñados de sal gruesa; por fin, en
aquellos años del criollismo triunfante, el sabor a
mate cimarrón del diálogo gauchesco, en que re-
tozaba a su gusto el hijo de la pampa, si no tal
cual fuera jamás en la realidad, por lo menos
como lo habían compuesto y "convencionaliza-
do" cincuenta años de mala literatura.»

Hasta aquí, Groussac. Nadie ignora que ese
docto escritor creía obligatorio el desdén en su
trato con meros sudamericanos; en el caso de Estanislao del Campo (a quien, inmediatamente
después llama «payador de bufete»), agrega a ese
desdén una impostura o, por lo menos, una su-
presión de la verdad. Pérfidamente lo define
como empleado público; minuciosamente olvida que se batió en el sitio de Buenos Aires, en la
batalla de Cepeda, en Pavón y en la revolución
del 74. Uno de mis abuelos, unitario, que militó
con él, solía recordar que del Campo vestía el
uniforme de gala para entrar en batalla y que sa-
ludó, puesta la diestra en el quepí, las primeras
balas de Pavón.

El *Fausto* ha sido muy diversamente juzgado.
Calixto Oyuela, nada benévolo con los escritores
gauchescos, lo ha calificado de joya. Es un poema
que, al igual de los primitivos, podría prescindir
de la imprenta, porque vive en muchas memorias. En memorias de mujeres, singularmente.
Ello no importa una censura; hay escritores de
indudable valor –Marcel Proust, D. H. Lawrence,
Virginia Woolf– que suelen agradar a las mujeres
más que a los hombres... Los detractores del
Fausto lo acusan de ignorancia y de falsedad.
Hasta el pelo del caballo del héroe ha sido examinado y reprobado. En 1896, Rafael Hernández
–hermano de José Hernández– anota: «Ese parejero es de color *overo rosado*, justamente el color
que no ha dado jamás un parejero, y conseguirlo
sería tan raro como hallar un gato de tres colores»;
en 1916 confirma Lugones: «Ningún criollo jinete
y rumboso como el protagonista, monta en caballo overo rosado: animal siempre despreciable
cuyo destino es tirar el balde en las estancias, o
servir de cabalgadura a los muchachos mandade-
ros.» También han sido condenados los versos últimos de la famosa décima inicial:

> *Capaz de llevar un potro*
> *a sofrenarlo en la luna.*

Rafael Hernández observa que al potro no se le pone freno, sino bocado, y que sofrenar el caballo «no es propio de criollo jinete, sino de gringo rabioso». Lugones confirma, o transcribe: «Ningún gaucho sujeta su caballo, sofrenándolo. Ésta es una criollada falsa de gringo fanfarrón, que anda jineteando la yegua de su jardinera».

Yo me declaro indigno de terciar en esas controversias rurales; soy más ignorante que el reprobado Estanislao del Campo. Apenas si me atrevo a confesar que aunque los gauchos de más firme ortodoxia menosprecian el pelo overo rosado, el verso

En un overo rosao

sigue –misteriosamente– agradándome. También se ha censurado que un rústico pueda comprender y narrar el argumento de una ópera. Quienes así lo hacen, olvidan que todo arte es convencional; también lo es la payada biográfica de Martín Fierro.

Pasan las circunstancias, pasan los hechos, pasa la erudición de los hombres versados en el pelo de los caballos; lo que no pasa, lo que tal vez será inagotable, es el placer que da la contemplación de la felicidad y de la amistad. Ese placer, quizá no menos raro en las letras que en este mundo corporal de nuestros destinos, es en mi opinión la virtud central del poema. Muchos han alabado las descripciones del amanecer, de la pampa, del anochecer, que el *Fausto* presenta; yo tengo para mí que la mención preliminar de los bastidores escénicos las ha contaminado de falsedad. Lo esencial es el diálogo, es la clara amistad que trasluce el diálogo. No pertenece el *Fausto* a la realidad argentina, pertenece –como el tango, como el truco, como Irigoyen– a la mitología argentina.

Más cerca de Ascasubi que de Estanislao del Campo, más cerca de Hernández que de Ascasubi, está el autor que paso a considerar: Antonio Lussich. Que yo sepa, sólo circulan dos informes de su obra, ambos insuficientes. Copio íntegro el primero, que bastó para incitar mi curiosidad. Es de Lugones y figura en la página 189 de *El Payador.*

«Don Antonio Lussich, que acababa de escribir un libro felicitado por Hernández, *Los Tres Gauchos Orientales,* poniendo en escena tipos gauchos de la revolución uruguaya llamada *campaña de Aparicio,* diole, a lo que parece, el oportuno estímulo. De haberle enviado esa obra, re-

sultó que Hernández tuviera la feliz ocurrencia.
La obra del señor Lussich apareció editada en
Buenos Aires por la imprenta de la *Tribuna* el 14
de junio de 1872. La carta con que Hernández fe-
licitó a Lussich, agradeciéndole el envío del libro,
es del 20 del mismo mes y año. *Martín Fierro*
apareció en diciembre. Gallardos y generalmente
apropiados al lenguaje y peculiaridades del cam-
pesino, los versos del señor Lussich formaban
cuartetas, redondillas, décimas y también aque-
llas sextinas de payador que Hernández debía
adoptar como las más típicas.»

El elogio es considerable, máxime si atende-
mos al propósito nacionalista de Lugones, que
era exaltar el *Martín Fierro,* y a su reprobación
incondicional de Bartolomé Hidalgo, de Ascasubi, de Estanislao del Campo, de Ricardo Gu-
tiérrez, de Echeverría. El otro informe, incomparable de reserva y de longitud, consta en la *Historia crítica de la literatura uruguaya* de Carlos
Roxlo. «La musa» de Lussich, leemos en la página 242 del segundo tomo, «es excesivamente desaliñada y vive en calabozo de prosaísmos; sus
descripciones carecen de luminosa y pintoresca
policromía».

El mayor interés de la obra de Lussich es su
anticipación evidente del inmediato y posterior

Martín Fierro. La obra de Lussich profetiza, siquiera de manera esporádica, los rasgos diferenciales del *Martín Fierro;* bien es verdad que el trato de este último les da un relieve extraordinario que en el texto original acaso no tienen.

El libro de Lussich, al principio, es menos una profecía del *Martín Fierro* que una repetición de los coloquios de Ramón Contreras y Chano. Entre *amargo* y *amargo,* tres veteranos cuentan las patriadas que hicieron. El procedimiento es el habitual, pero los hombres de Lussich no se ciñen a la noticia histórica y abundan en pasajes autobiográficos. Esas frecuentes digresiones de orden personal y patético, ignoradas por Hidalgo o por Ascasubi, son las que prefiguran el *Martín Fierro,* ya en la entonación, ya en los hechos, ya en las mismas palabras.

Prodigaré las citas, pues he podido comprobar que la obra de Lussich es, virtualmente, inédita.

Vaya como primera transcripción el desafío de estas décimas:

> *Pero me llaman matrero*
> *pues le juyo a la catana,*
> *porque ese toque de diana*
> *en mi oreja suena fiero;*
> *libre soy como el pampero*

y siempre libre viví,
libre fui cuando salí
dende el vientre de mi madre
sin más perro que me ladre
que el destino que corrí...

Mi envenao tiene una hoja
con un letrero en el lomo
que dice: cuando yo asomo
es pa que alguno se encoja.
Sólo esta cintura afloja
al disponer de mi suerte,
con él yo siempre fui juerte
y altivo como el lión;
no me salta el corazón
ni le recelo a la muerte.

Soy amacho tirador,
enlazo lindo y con gusto;
tiro las bolas tan justo
que más que acierto es primor.
No se encuentra otro mejor
pa reboliar una lanza,
soy mentao por mi pujanza;
como valor, juerte y crudo
el sable a mi empuje rudo
¡jué pucha! que hace matanza.

Otros ejemplos, esta vez con su correspondencia inmediata o conjetural.

Dice Lussich:

> Yo tuve ovejas y hacienda;
> caballos, casa y manguera;
> mi dicha era verdadera
> ¡hoy se me ha cortao la rienda!
>
> Carchas, majada y querencia
> volaron con la patriada,
> y hasta una vieja enramada
> ¡que cayó... supe en mi ausencia!
>
> La guerra se lo comió
> y el rastro de lo que jué
> será lo que encontraré
> cuando al pago caiga yo.

Dirá Hernández:

> Tuve en mi pago en un tiempo
> hijos, hacienda y mujer
> pero empecé a padecer,
> me echaron a la frontera
> ¡y qué iba a hallar al volver!
> tan sólo hallé la tapera.

Dice Lussich:

> *Me alcé con tuito el apero,*
> *freno rico y de coscoja,*
> *riendas nuevitas en hoja*
> *y trensadas con esmero;*
> *una carona de cuero*
> *de vaca, muy bien curtida;*
> *hasta una manta fornida*
> *me truje de entre las carchas,*
> *y aunque el chapiao no es pa marchas*
> *lo chanté al pingo en seguida.*

> *Hice sudar al bolsillo*
> *porque nunca fui tacaño:*
> *traiba un gran poncho de paño*
> *que me alcanzaba al tobillo*
> *y un machazo cojinillo*
> *pa descansar mi osamenta;*
> *quise pasar la tormenta*
> *guarecido de hambre y frío*
> *sin dejar del pilcherío*
> *ni una argolla ferrugienta.*

> *mis espuelas macumbé,*
> *mi rebenque con virolas,*
> *rico facón, güenas bolas,*
> *manea y bosal saqué.*
> *Dentro el tirador dejé*

diez pesos en plata blanca
pa allegarme a cualquier banca
pues al naipe tengo apego,
y a más presumo en el juego
no tener la mano manca.

Copas, fiador y pretal,
estribos y cabezadas
con nuestras armas bordadas,
de la gran Banda Oriental.
No he güelto a ver otro igual
recao tan cumpa y paquete
¡ahijuna! encima del flete
como un sol aquello era
¡ni recordarlo quisiera!
pa qué, si es al santo cuete.

Monté un pingo barbiador
como una luz de ligero
¡pucha, si pa un entrevero
era cosa superior!
Su cuerpo daba calor
y el herraje que llevaba
como la luna brillaba
al salir tras de una loma.
Yo con orgullo y no es broma
en su lomo me sentaba.

Dirá Hernández:

> Yo llevé un moro de número
> ¡sobresaliente el matucho!
> con él gané en Ayacucho
> más plata que agua bendita.
> Siempre el gaucho necesita
> un pingo pa fiarle un pucho.
>
> Y cargué sin dar más güeltas
> con las prendas que tenía;
> jergas, poncho, cuanto había
> en casa, tuito lo alcé.
> A mi china la dejé
> media desnuda ese día.
>
> No me faltaba una guasca;
> esa ocasión eché el resto:
> bozal, maniador, cabresto,
> lazo, bolas y manea.
> ¡El que hoy tan pobre me vea
> tal vez no creerá todo esto!

Dice Lussich:

> Y ha de sobrar monte o sierra
> que me abrigue en su guarida,

> *que ande la fiera se anida*
> *también el hombre se encierra.*

Dirá Hernández:

> *Ansí es que al venir la noche*
> *iba a buscar mi guarida.*
> *Pues ande el tigre se anida*
> *también el hombre lo pasa,*
> *y no quería que en las casas*
> *me rodiara la partida.*

Se advierte que en octubre o noviembre de 1872, Hernández estaba *tout sonore encore* de los versos que en junio del mismo año le dedicó el amigo Lussich. Se advertirá también la concisión del estilo de Hernández, y su ingenuidad voluntaria. Cuando Fierro enumera: *hijos, hacienda y mujer,* o exclama, luego de mencionar unos tientos:

> *¡El que hoy tan pobre me vea*
> *tal vez no creerá todo esto!*

sabe que los lectores urbanos no dejarán de agradecer esas simplicidades. Lussich, más espontáneo o atolondrado, no procede jamás de ese

modo. Sus ansiedades literarias eran de otro orden, y solían parar en imitaciones de las ternuras
más insidiosas del *Fausto*.

> *Yo tuve un nardo una vez*
> *y lo acariciaba tanto*
> *que su purísimo encanto*
> *duró lo menos un mes.*

> *Pero ¡ay! una hora de olvido*
> *secó hasta su última hoja.*
> *Así también se deshoja*
> *la ilusión de un bien perdido.*

En la segunda parte, que es de 1873, esas imitaciones alternan con otras facsimilares del *Martín Fierro,* como si reclamara lo suyo don Antonio
Lussich.

Huelgan otras confrontaciones. Bastan las anteriores, creo, para justificar esta conclusión: los
diálogos de Lussich son un borrador del libro definitivo de Hernández. Un borrador incontinen-
te, lánguido, ocasional, pero utilizado y profético.

Llego a la obra máxima, ahora: el *Martín Fierro.*
Sospecho que no hay otro libro argentino que
haya sabido provocar de la crítica un dispendio

igual de inutilidades. Tres profusiones ha tenido
el error con nuestro *Martín Fierro:* una, las admi-
raciones que condescienden; otra, los elogios
groseros, ilimitados; otra, la digresión histórica o
filológica. La primera es la tradicional: su prototipo está en la incompetencia benévola de los
sueltos de periódicos y de las cartas que usurpan
el cuaderno primero de la edición popular, sus
continuadores son insignes y de los otros. In-
conscientes disminuidores de lo que alaban, no
dejan nunca de celebrar en el *Martín Fierro* la falta de retórica: palabra que les sirve para nombrar
la retórica deficiente –lo mismo que si emplearan
arquitectura para significar la intemperie, los de-
rrumbes y las demoliciones. Imaginan que un libro puede no pertenecer a las letras: el *Martín
Fierro* les agrada contra el arte y contra la inteligencia. El entero resultado de su labor cabe en estas líneas de Rojas: «Tanto valiera repudiar el
arrullo de la paloma porque no es un madrigal, o
la canción del viento porque no es una oda. Así
esta pintoresca payada se ha de considerar en la
rusticidad de su forma y en la ingenuidad de su
fondo como una voz elemental de la naturaleza.»

La segunda –la del hiperbólico elogio– no ha
realizado hasta hoy sino el sacrificio inútil de sus
«precursores» y una forzada igualación con el

Cantar del Cid y con la *Comedia* dantesca. Al hablar del coronel Ascasubi, he discutido la primera de esas actividades; de la segunda, básteme
referir que su perseverante método es el de pes-
quisar versos contrahechos o ingratos en las epopeyas antiguas –como si las afinidades en el error
fueran probatorias. Por lo demás, todo ese opero-
so manejo deriva de un superstición; presuponer
que determinados géneros literarios (en este
caso particular, la epopeya) valen formalmente
más que otros. La estrafalaria y cándida necesidad de que el *Martín Fierro* sea épico ha pretendido comprimir, siquiera de un modo simbólico,
la historia secular de la patria, con sus generaciones, sus destierros, sus agonías, sus batallas de
Tucumán y de Ituzaingó, en las andanzas de un
cuchillero de mil ochocientos setenta. Oyuela
(*Antología poética hispano-americana*, tomo tercero, notas), ha desbaratado ya ese *complot*. «El
asunto del *Martín Fierro*», anota, «no es propia-
mente *nacional*, ni menos de raza, ni se relacio-
na en modo alguno con nuestros orígenes como
pueblo, ni como nación políticamente consti-
tuida. Trátase en él de las dolorosas vicisitudes
de la vida de un gaucho, *en el último tercio del siglo anterior*, en la época de la decadencia y próxima desaparición de este tipo local y transitorio

nuestro, ante una organización social que lo ani-
quila, contadas o cantadas por el mismo protago-
nismo».

(3)   La tercera distrae con mejores tentaciones.
Afirma con delicado error, por ejemplo, que el
Martín Fierro es una presentación de la pampa. El
hecho es que a los hombres de la ciudad, la campaña sólo nos puede ser presentada como un
descubrimiento gradual, como una serie de experiencias posibles. Es el procedimiento de las novelas de aprendizaje pampeano, *The Purple Land*
(1885) de Hudson, y *Don Segundo Sombra* (1926)
de Güiraldes, cuyos protagonistas van identifi-
cándose con el campo. No es el procedimiento de
Hernández, que presupone deliberadamente la
pampa, y los hábitos diarios de la pampa, sin de-
tallarlos nunca –omisión verosímil en un gaucho, que habla para otros gauchos. Alguien querrá oponerme estos versos, y los precedidos por
ellos:

> *Yo he conocido esta tierra*
> *en que el paisano vivía*
> *y su ranchito tenía,*
> *y sus hijos y mujer.*
> *Era una delicia el ver*
> *cómo pasaba sus días.*

El tema, entiendo, no es la miserable edad de oro que nosotros percibiríamos; es la destitución del narrador, su presente nostalgia.

Rojas sólo deja lugar en el porvenir para el estudio filológico del poema –vale decir, para una discusión melancólica sobre la palabra *cantra* o *contromilla,* más adecuada a la infinita duración del Infierno que al plazo relativamente efímero de nuestra vida. En ese particular, como en todos, una deliberada subordinación del color local es típica de *Martín Fierro.* Comparado con el de los «precursores», su léxico parece rehuir los rasgos diferenciales del lenguaje del campo, y solicitar el *sermo plebeius* común. Recuerdo que de chico pudo sorprenderme su sencillez, y que me pareció de compadre criollo, no de paisano. El *Fausto* era mi norma de habla rural. Ahora –con algún conocimiento de la campaña– el predominio del soberbio cuchillero de pulpería sobre el paisano reservado y solícito, me parece evidente, no tanto por el léxico manejado, cuanto por las repetidas bravatas y el acento agresivo.

Otro recurso para descuidar el poema lo ofrecen los proverbios. Esas lástimas –según las califica definitivamente Lugones– han sido consideradas más de una vez parte sustantiva del libro. Inferir la ética del *Martín Fierro,* no de los desti-

nos que presenta, sino de los mecánicos dichara-
chos hereditarios que estorban su decurso, o de
las moralidades foráneas que lo epilogan, es una
distracción que sólo la reverencia de lo tradicional
pudo recomendar. Prefiero ver en esas prédicas,
meras verosimilitudes o marcas del estilo directo.
Creer en su valor nominal es obligarse infinitamente a contradicción. Así, en el canto séptimo de
La ida ocurre esta copla que lo significa entero al
paisano:

> *Limpié el facón en los pastos,*
> *desaté mi redomón,*
> *monté despacio, y salí*
> *al tranco pa el cañadón.*

No necesito restaurar la perdurable escena:
el hombre sale de matar, resignado. El mismo
hombre que después nos quiere servir esta moralidad:

> *La sangre que se redama*
> *no se olvida hasta la muerte.*
> *La impresión es de tal suerte*
> *que a mi pesar, no lo niego,*
> *cai como gotas de juego*
> *en la alma del que la vierte.*

La verdadera ética del criollo está en el relato: la que presume que la sangre vertida no es demasiado memorable, y que a los hombres les ocurre matar. (El inglés conoce la locución *kill his man*, cuya directa versión es *matar a su hombre,* descífrese *matar al hombre que tiene que matar todo hombre.)* «Quién no debía una muerte en mi tiempo», le oí quejarse con dulzura una tarde a un señor de edad. No me olvidaré tampoco de un orillero, que me dijo con gravedad: «Señor Borges, yo habré estado en la cárcel muchas veces, pero siempre por homicidio.»

Arribo, así, por eliminación de los percances tradicionales, a una directa consideración del poema. Desde el verso decidido que lo inaugura, casi todo él está en primera persona: hecho que juzgo capital. Fierro cuenta su historia, a partir de la plena edad viril, tiempo en que el hombre *es,* no dócil tiempo en que lo está buscando la vida. Eso algo nos defrauda: no en vano somos lectores de Dickens, inventor de la infancia, y preferimos la morfología de los caracteres a su adultez. Queríamos saber cómo se llega a ser Martín Fierro...

¿Qué intención la de Hernández? Contar la historia de Martín Fierro, y en esa historia, su carácter. Sirven de prueba todos los episodios del libro. El *cualquiera tiempo pasado,* normalmente *mejor,* del canto segundo, es la verdad del sentimiento del héroe, no de la desolada vida de las estancias en el tiempo de Rosas. La fornida pelea con el negro, en el canto séptimo, no corresponde ni a la sensación de pelear ni a las momentáneas luces y sombras que rinde la memoria de un hecho, sino al paisano Martín Fierro contándola. (En la guitarra, como solía cantarla a media voz Ricardo Güiraldes, como el chacaneo del acompañamiento recalca bien su intención de triste coraje.) Todo lo corrobora; básteme destacar algunas estrofas. Empiezo por esta comunicación total de un destino:

> *Había un gringuito cautivo*
> *que siempre hablaba del barco*
> *y lo ahugaron en un charco*
> *por causante de la peste.*
> *Tenía los ojos celestes*
> *como potrillito zarco.*

Entre las muchas circunstancias de lástima –atrocidad e inutilidad de esa muerte, recuerdo verosímil del barco, rareza de que venga a ahogarse a la pampa quien atravesó indemne el mar–, la eficacia máxima de la estrofa está en esa posdata o adición patética del recuerdo: *tenía los ojos celestes como potrillito zarco,* tan significativa de quien supone ya contada una cosa, y a quien le restituye la memoria una imagen más.

Tampoco en vano asumen la primera persona estas líneas:

> *De rodillas a su lao*
> *yo lo encomendé a Jesús.*
> *Faltó a mis ojos la luz,*
> *tuve un terrible desmayo.*
> *Caí como herido del rayo*
> *cuando lo vi muerto a Cruz.*

Cuando lo vio muerto a Cruz, Fierro, por un pudor de la pena, da por sentado el fallecimiento del compañero, finge haberlo mostrado.

Esa postulación de una realidad me parece significativa de todo el libro. Su tema –lo repito– no es la imposible presentación de todos los hechos que atravesaron la conciencia de un hombre, ni tampoco la desfigurada, mínima parte que de ellos puede rescatar el recuerdo, sino la narración del paisano, el hombre que se muestra al contar. El proyecto comporta así una doble invención: la de los episodios y la de los sentimientos del héroe, retrospectivos estos últimos o inmediatos. Ese vaivén impide la declaración de algunos detalles: no sabemos, por ejemplo, si la tentación de azotar a la mujer del negro asesinado es una brutalidad de borracho o –eso preferiríamos– una desesperación del aturdimiento, y esa perplejidad de los motivos lo hace más real. En esta discusión de episodios me interesa menos la imposición de una determinada tesis que este convencimiento central: la índole novelística del *Martín Fierro*, hasta en los pormenores. Novela, novela de organización instintiva o premeditada, es el *Martín Fierro:* única definición que puede transmitir puntualmente la clase de placer que nos da y que condice sin escándalo con su fecha. Ésta, quién no lo sabe, es la del siglo novelístico por antonomasia: el de Dostoievski, el de Zola, el de Butler, el de Flaubert, el de Dickens. Cito esos nombres evidentes, pero prefiero unir al de nuestro criollo el de otro americano, también de vida en que abundaron el azar y el recuerdo, el íntimo, insospechado Mark Twain de *Huckleberry Finn.*

Dije que una novela. Se me recordará que las epopeyas antiguas representan una preforma de la novela. De acuerdo, pero asimilar el libro de Hernández a esa categoría primitiva, es agotarse inútilmente en un juego de fingir coincidencias, es renunciar a toda posibilidad de un examen. La legislación de la épica –metros heroicos, intervención de los dioses, destacada situación política de los héroes– no es aplicable aquí. Las condiciones novelísticas, sí lo son.

La penúltima versión de la realidad

Francisco Luis Bernárdez acaba de publicar una apasionada noticia de las especulaciones ontológicas del libro *The Manhood of Humanity* (La edad viril de la humanidad), compuesto por el conde Korzybski: libro que desconozco. Deberé atenerme, por consiguiente, en esta consideración general de los productos metafísicos de ese patricio, a la límpida relación de Bernárdez. Por cierto, no pretenderé sustituir el buen funcionamiento asertivo de su prosa con la mía dubitativa y conversada. Traslado el resumen inicial:

«Tres dimensiones tiene la vida, según Korzybski. Largo, ancho y profundidad. La primera dimensión corresponde a la vida vegetal. La segunda dimensión pertenece a la vida animal. La

49

tercera dimensión equivale a la vida humana. La vida de los vegetales es una vida en longitud. La vida de los animales es una vida en latitud. La vida de los hombres es una vida en profundidad.»

Creo que una observación elemental, aquí es permisible; la de lo sospechoso de una sabiduría que se funda, no sobre un pensamiento, sino sobre una mera comodidad clasificatoria, como lo son las tres dimensiones convencionales. Escribo *convencionales,* porque –separadamente– ninguna de las dimensiones existe: siempre se dan volúmenes, nunca superficies, líneas ni puntos. Aquí, para mayor generosidad en lo palabrero, se nos propone una aclaración de los tres convencionales órdenes de lo orgánico, planta-bestia-hombre, mediante los no menos convencionales órdenes del espacio: largor-anchura-profundidad (este último en el sentido traslaticio de tiempo). Frente a la incalculable y enigmática realidad, no creo que la mera simetría de dos de sus clasificaciones humanas baste para dilucidarla y sea otra cosa que un vacío halago aritmético. Sigue la notificación de Bernárdez:

«La vitalidad vegetal se define en su hambre de sol. La vitalidad animal, en su apetito de espacio. Aquélla es estática. Ésta es dinámica. El estilo vital de las plantas, criaturas directas, es una pura quietud. El estilo vital de los animales, criaturas indirectas, es un libre movimiento.

»La diferencia sustantiva entre la vida vegetal y la vida animal reside en una noción. La noción de espacio. Mientras las plantas la ignoran, los animales la poseen. Las unas, afirma Korzybski, viven acopiando energía, y los otros, amontonando espacio. Sobre ambas existencias, estática y errática, la existencia humana divulga su originalidad superior. ¿En qué consiste esta suprema originalidad del hombre? En que, vecino al vegetal, que acopia energía y al animal que amontona espacio, el hombre acapara tiempo.»

Esta ensayada clasificación ternaria del mundo parece una divergencia o un préstamo de la clasificación cuaternaria de Rudolf Steiner. Éste, más generoso de una unidad con el universo, arranca de la historia natural, no de la geometría, y ve en el hombre una suerte de catálogo o de resumen de la vida no humana. Hace corresponder la mera *estadía* inerte de los minerales con la del hombre muerto; la furtiva y silenciosa de las plantas con la del hombre que duerme, la solamente actual y olvidadiza de los animales con la del hombre que sueña. (Lo cierto, lo torpemente cierto, es que despedazamos los cadáveres eternos de los primeros y que aprovechamos el dor-

mir de las otras para devorarlas o hasta para ro-
barles alguna flor y que infamamos el soñar de
los últimos a pesadilla. A un caballo le ocupamos
el único minuto que tiene –minuto sin salida,
minuto del grandor de una hormiga y que no se
alarga en recuerdos o en esperanzas– y lo ence-
rramos entre las varas de un carro y bajo el régimen criollo o Santa Federación del carrero.)
Dueño de esas tres jerarquías es, según Rudolf
Steiner, el hombre, que además tiene el *yo:* vale
decir, la memoria de lo pasado y la previsión de lo
porvenir, vale decir, el tiempo. Como se ve, la
atribución de únicos habitantes del tiempo con-
cedida a los hombres, de únicos previsores e his-
tóricos, no es original de Korzybski. Su implica-
ción –maravilladora también– de que los animales están en la pura actualidad o eternidad y fuera
del tiempo, tampoco lo es. Steiner lo enseña;
Schopenhauer lo postula continuamente en ese
tratado, llamado con modestia capítulo, que está
en el segundo volumen del *Mundo como voluntad
y representación,* y que versa sobre la muerte.
Mauthner *(Woerterbuch der Philosopbie,* III, pág.
436) lo propone con ironía. «Parece», escribe,
«que los animales no tienen sino oscuros presentimientos de la sucesión temporal y de la duración. En cambio el hombre, cuando es además

un psicólogo de la nueva escuela, puede diferenciar en el tiempo dos impresiones que sólo estén separadas por 1/500 de segundo.» Gaspar Martín, que ejerce la metafísica en Buenos Aires, declara esa intemporalidad de los animales y aun de los niños como una verdad consabida. Escribe así: La idea de tiempo falta en los animales y es en el hombre de adelantada cultura en quien primeramente aparece (*El tiempo*, 1924). Sea de Schopenhauer o de Mauthner o de la tradición teosófica o hasta de Korzybski, lo cierto es que esa visión de la sucesiva y ordenadora conciencia humana frente al momentáneo universo, es efectivamente grandiosa[1].

Prosigue el expositor: «El materialismo dijo al hombre: Hazte rico de espacio. Y el hombre olvidó su propia tarea. Su noble tarea de acumulador de tiempo. Quiero decir que el hombre se dio a la conquista de las cosas visibles. A la conquista de personas y de territorios. Así nació la falacia del progresismo. Y como una consecuencia brutal, nació la sombra del progresismo. Nació el imperialismo.

»Es preciso, pues, restituir a la vida humana su tercera dimensión. Es necesario profundizarla.

---

1. Habría que agregar el nombre de Séneca (*Epístolas* a *Lucilio*, 124).

Es menester encaminar a la humanidad hacia su destino racional y valedero. Que el hombre vuelva a capitalizar siglos en vez de capitalizar leguas. Que la vida humana sea más intensa en lugar de ser más extensa.»

Declaro no entender lo anterior. Creo delusoria la oposición entre los dos conceptos incontrastables de espacio y de tiempo. Me consta que la genealogía de esa equivocación es ilustre y que entre sus mayores está el nombre magistral de Spinoza, que dio a su indiferente divinidad –*Deus sive Natura*– los atributos de pensamiento (vale decir, de tiempo sentido) y de extensión vale decir, de espacio). Pienso que para un buen idealismo, el espacio no es sino una de las formas que integran la cargada fluencia del tiempo. Es uno de los episodios del tiempo y, contrariamente al consenso natural de los ametafísicos, está situado en él, y no viceversa. Con otras palabras: la relación espacial –más arriba, izquierda, derecha– es una especificación como tantas otras, no una continuidad.

Por lo demás, acumular espacio no es lo contrario de acumular tiempo: es uno de los modos de realizar esa para nosotros única operación. Los ingleses que por impulsión ocasional o genial del escribiente Clive o de Warren Hastings conquistaron la India, no acumularon solamente espacio, sino tiempo: es decir, experiencias, experiencias de noches, días, descampados, montes, ciudades, astucias, heroísmos, traiciones, dolores, destinos, muertes, pestes, fieras, felicidades, ritos, cosmogonías, dialectos, dioses, veneraciones.

Vuelvo a la consideración metafísica. El espacio es un incidente en el tiempo y no una forma universal de intuición, como impuso Kant. Hay enteras provincias del Ser que no lo requieren; las de la olfacción y audición. Spencer, en su punitivo examen de los razonamientos de los metafísicos (*Principios de psicología,* parte séptima, capítulo cuarto), ha razonado bien esa independencia y la fortifica así, a los muchos renglones, con esta reducción a lo absurdo: «Quien pensare que el olor y el sonido tienen por forma de intuición el espacio, fácilmente se convencerá de su error con sólo buscar el costado izquierdo o derecho de un sonido o con tratar de imaginarse un olor al revés.»

Schopenhauer, con extravagancia menor y mayor pasión, había declarado ya esa verdad. «La música», escribe, «es una tan inmediata objetivación de la voluntad, como el universo» (obra citada, volumen primero, libro tercero, capítulo 52). Es postular que la música no precisa del mundo.

Quiero complementar esas dos imaginaciones ilustres con una mía, que es derivación y facilitación de ellas. Imaginemos anuladas así las percepciones oculares, táctiles y gustativas y el espacio que éstas definen. Imaginemos también –crecimiento lógico– una más afinada percepción de lo que registran los sentidos restantes. La humanidad –tan afantasmada a nuestro parecer por esta catástrofe– seguiría urdiendo su historia. La humanidad se olvidaría de que hubo espacio. La vida, dentro de su no gravosa ceguera y su incorporeidad, sería tan apasionada y precisa como la nuestra. De esa humanidad hipotética (no menos abundosa de voluntades, de ternuras, de imprevisiones) no diré que entraría en la cáscara de nuez proverbial: afirmo que estaría fuera y ausente de todo espacio.

1928

La supersticiosa ética del lector

La condición indigente de nuestras letras, su incapacidad de atraer, han producido una superstición del estilo, una distraída lectura de atenciones parciales. Los que adolecen de esa superstición entienden por estilo no la eficacia o la ineficacia de una página, sino las habilidades aparentes del escritor: sus comparaciones, su acústica, los episodios de su puntuación y de su sintaxis. Son indiferentes a la propia convicción o propia emoción: buscan tecniquerías (la palabra es de Miguel de Unamuno) que les informarán si lo escrito tiene el derecho o no de agradarles. Oyeron que la adjetivación no debe ser trivial y opinarán que está mal escrita una página si no hay sorpresas en la juntura de adjetivos con sus-

tantivos, aunque su finalidad general esté realizada. Oyeron que la concisión es una virtud y
tienen por conciso a quien se demora en diez frases breves y no a quien maneje una larga. (Ejemplos normativos de esa charlatanería de la brevedad, de ese frenesí sentencioso, pueden buscarse
en la dicción del célebre estadista danés Polonio,
de *Hamlet,* o del Polonio natural, Baltasar Gracián.) Oyeron que la cercana repetición de unas
sílabas es cacofónica y simularán que en prosa les
duele, aunque en verso les agencie un gusto especial, pienso que simulado también. Es decir, no se
fijan en la eficacia del mecanismo, sino en la dis-
posición de sus partes. Subordinan la emoción a
la ética, a una etiqueta indiscutida más bien. Se ha
generalizado tanto esa inhibición que ya no van
quedando lectores, en el sentido ingenuo de la
palabra, sino que todos son críticos potenciales.

Tan recibida es esta superstición que nadie se
atreverá a admitir ausencia de estilo, en obras
que lo tocan, máxime si son clásicas. No hay libro
bueno sin su atribución estilística, de la que nadie
puede prescindir –excepto su escritor. Séanos
ejemplo el *Quijote.* La crítica española, ante la
probada excelencia de esa novela, no ha querido
pensar que su mayor (y tal vez único irrecusable)
valor fuera el psicológico, y le atribuyen dones de

estilo, que a muchos parecerán misteriosos. En verdad, basta revisar unos párrafos del *Quijote* para sentir que Cervantes no era estilista (a lo menos en la presente acepción acústico-decorativa de la palabra) y que le interesaban demasiado los destinos de Quijote y de Sancho para dejarse distraer por su propia voz. La *Agudeza y arte de ingenio* de Baltasar Gracián –tan laudativa de otras prosas que narran, como la del *Guzmán de Alfarache*– no se resuelve a acordarse de *Don Quijote*. Quevedo versifica en broma su muerte y se olvida de él. Se objetará que los dos ejemplos son negativos; Leopoldo Lugones, en nuestro tiempo, emite un juicio explícito: «El estilo es la debilidad de Cervantes, y los estragos causados por su influencia han sido graves. Pobreza de color, inseguridad de estructura, párrafos jadeantes que nunca aciertan con el final, desenvolviéndose en convólvulos interminables; repeticiones, falta de proporción, ése fue el legado de los que no viendo sino en la forma la suprema realización de la obra inmortal, se quedaron royendo la cáscara cuyas rugosidades escondían la fortaleza y el sabor» *(El imperio jesuítico,* pág. 59). También nuestro Groussac: «Si han de describirse las cosas como son, deberemos confesar que una buena mitad de la obra es de forma por demás floja y desaliñada, la cual harto justifica lo del *humilde idioma* que los rivales de Cervantes le achacaban. Y con esto no me refiero única ni principalmente a las impropiedades verbales, a las intolerables repeticiones o retruécanos ni a los retazos de pesada grandilocuencia que nos abruman, sino a la contextura generalmente desmayada de esa prosa de sobremesa» *(Crítica literaria,* pág. 41). Prosa de sobremesa, prosa conversada y no declamada, es la de Cervantes, y otra no le hace falta. Imagino que esa misma observación será justiciera en el caso de Dostoievski o de Montaigne o de Samuel Butler.

Esta vanidad del estilo se ahueca en otra más patética vanidad, la de la perfección. No hay un escritor métrico, por casual y nulo que sea, que no haya cincelado (el verbo suele figurar en su conversación) su soneto perfecto, monumento minúsculo que custodia su posible inmortalidad, y que las novedades y aniquilaciones del tiempo deberán respetar. Se trata de un soneto sin ripios, generalmente, pero que es un ripio todo él: es decir, un residuo, una inutilidad. Esa falacia en perduración (Sir Thomas Browne: «Urn burial») ha sido formulada y recomendada por Flaubert en esta sentencia: La corrección (en el sentido más elevado de la palabra) obra con el pensamiento lo que obraron las aguas de la Estigia con el cuerpo de Aquiles: lo hacen invulnerable e indestructible *(Correspondance,* II, pág. 199). El juicio es terminante, pero no ha llegado hasta mí ninguna experiencia que lo confirme. (Prescindo de las virtudes tónicas de la Estigia; esa reminiscencia infernal no es un argumento, es un énfasis.) La página de perfección, la página de la que ninguna palabra puede ser alterada sin daño, es la más precaria de todas. Los cambios del lenguaje borran los sentidos laterales y los matices; la página «perfecta» es la que consta de esos delicados valores y la que con facilidad mayor se desgasta. Inversamente, la página que tiene vocación de inmortalidad puede atravesar el fuego de las erratas, de las versiones aproximativas, de las distraídas lecturas, de las incomprensiones, sin dejar el alma en la prueba. No se puede impunemente variar (así lo afirman quienes restablecen su texto) ninguna línea de las fabricadas por Góngora; pero el *Quijote* gana póstumas batallas contra sus traductores y sobrevive a toda descuidada versión. Heine, que nunca lo escuchó en español, lo pudo celebrar para siempre. Más vivo es el fantasma alemán o escandinavo o indostánico del *Quijote* que los ansiosos artificios verbales del estilista.

Yo no quisiera que la moralidad de esta comprobación fuera entendida como de desesperación o nihilismo. Ni quiero fomentar negligencias ni creo en una mística virtud de la frase torpe y del epíteto chabacano. Afirmo que la voluntaria omisión de esos dos o tres agrados menores –distracciones oculares de la metáfora, auditivas del ritmo y sorpresivas de la interjección o el hipérbaton– suele probarnos que la pasión del tema tratado manda en el escritor, y esto es todo. La aspereza de una frase le es tan indiferente a la genuina literatura como su suavidad. La economía prosódica no es menos forastera del arte que la caligrafía o la ortografía o la puntuación: certeza que los orígenes judiciales de la retórica y los musicales del canto nos escondieron siempre. La preferida equivocación de la literatura de hoy es el énfasis. Palabras definitivas, palabras que postulan sabidurías adivinas o angélicas o resoluciones de una más que humana firmeza –*único, nunca, siempre, todo, perfección, acabado*– son del comercio habitual de *todo* escritor. No piensan que decir de más una cosa es tan de inhábiles como no decirla del todo, y que la descuidada generalización e intensificación es una pobreza y que así la siente el lector. Sus imprudencias causan una depreciación del idioma.

Así ocurre en francés, cuya locución *Je suis navré* suele significar *No iré a tomar el té con ustedes* y cuyo *aimer* ha sido rebajado a *gustar*. Ese hábito hiperbólico del francés está en su lenguaje escrito asimismo: Paul Valéry, héroe de la lucidez que organiza, traslada unos olvidables y olvidados renglones de La Fontaine y asevera de ellos (contra alguien): *ces plus beaux vers du monde (Variété, 84)*.

Ahora quiero acordarme del porvenir y no del pasado. Ya se practica la lectura en silencio, síntoma venturoso. Ya hay lector callado de versos. De esa capacidad sigilosa a una escritura puramente ideográfica –directa comunicación de experiencias, no de sonidos– hay una distancia incansable, pero siempre menos dilatada que el porvenir.

Releo estas negaciones y pienso: Ignoro si la música sabe desesperar de la música y si el mármol del mármol, pero la literatura es un arte que sabe profetizar aquel tiempo en que habrá enmudecido, y encarnizarse con la propia virtud y enamorarse de la propia disolución y cortejar su fin.

1930

El otro Whitman

Cuando el remoto compilador del *Zohar* tuvo que arriesgar alguna noticia de su indistinto Dios –divinidad tan pura que ni siquiera el atributo de *ser* puede sin blasfemia aplicársele– discurrió un modo prodigioso de hacerlo. Escribió que su cara era trescientas setenta veces más ancha que diez mil mundos; entendió que lo gigantesco puede ser una forma de lo invisible y aun de lo abstracto. Así el caso de Whitman. Su fuerza es tan avasalladora y tan evidente que sólo percibimos que es fuerte.

La culpa no es sustancialmente de nadie. Los hombres de las diversas Américas permanecemos tan incomunicados que apenas nos conocemos por referencia, contados por Europa. En tales casos, Europa suele ser sinécdoque de París. A París le interesa menos el arte que la política del arte: mírese la tradición pandillera de su literatura y de su pintura, siempre dirigidas por comités y con sus dialectos políticos: uno parlamentario, que habla de izquierdas y derechas; otro militar, que habla de vanguardias y retaguardias. Dicho con mejor precisión: les interesa la economía del arte, no sus resultados. La economía de los versos de Whitman les fue tan inaudita que no lo conocieron a Whitman. Prefirieron clasificarlo: encomiaron su *licence majestueuse,* lo hicieron precursor de los muchos inventores caseros del verso libre. Además, remedaron la parte más desarmable de su dicción: las complacientes enumeraciones geográficas, históricas y circunstanciales que enfiló Whitman para cumplir con cierta profecía de Emerson, sobre el poeta digno de América. Esos remedos o recuerdos fueron el futurismo, el unanimismo. Fueron y son toda la poesía francesa de nuestro tiempo, salvo la que deriva de Poe. (De la buena teoría de Poe, quiero decir, no de su deficiente práctica.) Muchos ni siquiera advirtieron que la enumeración es uno de los procedimientos poéticos más antiguos –recuérdense los salmos de la Escritura y el primer

coro de *Los persas* y el catálogo homérico de las
naves– y que su mérito esencial no es la longitud, sino el delicado ajuste verbal, las «simpatías
y diferencias» de las palabras. No lo ignoró Walt
Whitman:

And of the threads that connect the stars and of
*   wombs and of the father-stuff.*

O:

From what the divine husband knows, from the
*   work of fatherhood.*

O:

I am as one disembodied, triumphant, dead.

El asombro, con todo, labró una falseada
imagen de Whitman: la de un varón meramente
saludador y mundial, un insistente Hugo inferi-
do desconsideradamente a los hombres por rei-
terada vez. Que Whitman en grave número de
sus páginas fue esa desdicha, es cosa que no niego; básteme demostrar que en otras mejores fue
poeta de un laconismo trémulo y suficiente,
hombre de destino comunicado, no proclama-

do. Ninguna demostración como traducir alguna de sus poesías:

ONCE I PASSED THROUGH A POPULOUS CITY

Pasé una vez por una populosa ciudad, estampando
para futuro empleo en la mente sus espectáculos,
su arquitectura, sus costumbres, sus tradiciones.
Pero ahora de toda esa ciudad me acuerdo sólo de
una mujer que encontré casualmente, que me demoró por amor.
Día tras día y noche tras noche estuvimos juntos
–todo lo demás hace tiempo que lo he olvidado.
Recuerdo, afirmo, sólo esa mujer que apasionadamente se apegó a mí.
Vagamos otra vez, nos queremos, nos separamos
otra vez.
Otra vez me tiene de la mano, yo no debo irme.
Yo la veo cerca a mi lado con silenciosos labios, dolida y trémula.

WHEN I READ THE BOOK

Cuando leí el libro, la biografía famosa,
Y esto es entonces (dije yo) lo que el escritor llama la
vida de un hombre,

¿Y así piensa escribir alguno de mí cuando yo esté
    muerto?
(Como si alguien pudiera saber algo sobre mi vida;
Yo mismo suelo pensar que sé poco o nada sobre mi
    vida real.
Sólo unas cuantas señas, unas cuantas borrosas claves
    e indicaciones
Intento, para mi propia información, resolver aquí.)

WHEN I HEARD THE LEARNED ASTRONOMER

Cuando oí al docto astrónomo,
Cuando me presentaron en columnas las pruebas, los
    guarismos,
Cuando me señalaron los mapas y los diagramas,
    para medir, para dividir y sumar,
Cuando desde mi asiento oí al docto astrónomo que
    disertaba con mucho aplauso en la cátedra,
Qué pronto me sentí inexplicablemente aturdido y
    hastiado,
Hasta que escurriéndome afuera me alejé solo
En el húmedo místico aire de la noche, y de tiempo en
    tiempo,
Miré en silencio perfecto las estrellas.

    Así Walt Whitman. No sé si estará de más in-
dicar –yo recién me fijo– que esas tres confesio-

nes importan un idéntico tema: la peculiar poesía de la arbitrariedad y la privación. Simplificación final del recuerdo, inconocibilidad y pudor de nuestro vivir, negación de los esquemas intelectuales y aprecio de las noticias primarias de los sentidos, son las respectivas moralidades de esos poemas. Es como si dijera Whitman: Inesperado y elusivo es el mundo, pero su misma contingencia es una riqueza, ya que ni siquiera podemos determinar lo pobres que somos, ya que todo es regalo. ¿Una lección de la mística de la parquedad, y ésa de Norte América?

Una sugestión última. Estoy pensando que Whitman –hombre de infinitos inventos, simplificado por la ajena visión en mero gigante– es un abreviado símbolo de su patria. La historia mágica de los árboles que tapan el bosque puede servir, invertida mágicamente, para declarar mi intención. Porque una vez hubo una selva tan infinita que nadie recordó que era de árboles; porque entre dos mares hay una nación de hombres tan fuerte que nadie suele recordar que es de hombres. De hombres de humana condición.

1929

Una vindicación de la Cábala

Ni es ésta la primera vez que se inserta ni será la última que falla, pero la distinguen dos hechos. Uno es mi inocencia casi total del idioma hebreo; otro es la circunstancia de que no quiero vindicar la doctrina, sino los procedimientos hermenéuticos o criptográficos que a ella conducen. Estos procedimientos, como se sabe, son la lectura vertical de los textos sagrados, la lectura llamada *bouestrophedon* (de derecha a izquierda, un renglón, de izquierda a derecha el siguiente), metódica sustitución de unas letras del alfabeto por otras, la suma del valor numérico de las letras, etc. Burlarse de tales operaciones es fácil, prefiero procurar entenderlas.

Es evidente que su causa remota es el concepto de la inspiración mecánica de la Biblia. Ese concepto, que hace de evangelistas y profetas, secretarios impersonales de Dios que escriben al dictado, está con imprudente energía en la *Formula consensus helvética,* que reclama autoridad para las consonantes de la Escritura y hasta para los puntos diacríticos –que las versiones primitivas no conocieron. (Ese preciso cumplimiento en el hombre, de los propósitos literarios de Dios, es la inspiración o entusiasmo: palabra cuyo recto sentido es endiosamiento.) Los islamitas pueden vanagloriarse de exceder esa hipérbole, pues han resuelto que el original del Corán –*la madre del Libro*– es uno de los atributos de Dios, como Su misericordia o Su ira, y lo juzgan anterior al idioma, a la Creación. Asimismo hay teólogos luteranos, que no se arriesgan a englobar la Escritura entre las cosas creadas y la definen como una encarnación del Espíritu.

Del Espíritu: ya nos está rozando un misterio. No la divinidad general, sino la hipóstasis tercera de la divinidad, fue quien dictó la Biblia. Es la opinión común: Bacon, en 1625, escribió: «El lápiz del Espíritu Santo se ha demorado más en las aflicciones de Job que en las felicidades de Salomón»[1]. También su contemporáneo John Donne: «El Espíritu Santo es un escritor elocuente, un vehemente y un copioso escritor, pero no palabrero; tan alejado de un estilo indigente como de uno superfluo».

Imposible definir el Espíritu y silenciar la horrenda sociedad trina y una de la que forma parte. Los católicos laicos la consideran un cuerpo colegiado infinitamente correcto, pero también infinitamente aburrido; los *liberales,* un vano cancerbero teológico, una superstición que los muchos adelantos del siglo ya se encargarán de abolir. La trinidad, claro es, excede esas fórmulas. Imaginada de golpe, su concepción de un padre, un hijo y un espectro, articulados en un solo organismo, parece un caso de teratología intelectual, una deformación que sólo el horror de una pesadilla pudo parir. Así lo creo, pero trato de reflexionar que todo objeto cuyo fin ignoramos, es provisoriamente monstruoso. Esa observación general se ve agravada aquí por el misterio profesional del objeto.

Desligada del concepto de redención, la distinción de las tres personas en una tiene que pa-

1. Sigo la versión latina: «*diffusius tractavit Jobi afflictiones*». En inglés, con mejor acierto, había escrito: «*hath laboured more*».

recer arbitraria. Considerada como una necesidad de la fe, su misterio fundamental no se alivia, pero despuntan su intención y su empleo. Entendemos que renunciar a la Trinidad –a la Dualidad, por lo menos– es hacer de Jesús un delegado ocasional del Señor, un incidente de la historia, no el auditor imperecedero, continuo, de nuestra devoción. Si el Hijo no es también el Padre, la redención no es obra directa divina; si no es eterno, tampoco lo será el sacrificio de haberse rebajado a hombre y haber muerto en la cruz. «Nada menos que una infinita excelencia pudo satisfacerse por un alma perdida para infinitas edades», instó Jeremyas Taylor. Así puede justificarse el dogma, si bien los conceptos de la generación del Hijo por el Padre y de la procesión del Espíritu por los dos, insinúan heréticamente una prioridad, sin contar su culpable condición de meras metáforas. La teología, empeñada en diferenciarlas, resuelve que no hay motivo de confusión, puesto que el resultado de una es el Hijo, de la otra el Espíritu. Generación eterna del Hijo, procesión eterna del Espíritu, es la soberbia decisión de Ireneo: invención de un acto sin tiempo, de un mutilado *zeitloses Zeitwort,* que podemos rechazar o venerar, pero no discutir. El infierno es una mera violencia física, pero las tres inextricables personas importan un horror intelectual, una infinitud ahogada, especiosa, como de contrarios espejos. Dante las quiso figurar con el signo de una reverberación de círculos diáfanos, de diverso color; Donne, por el de complicadas serpientes, ricas e indisolubles. *Toto coruscat trinitas mysterio,* escribió San Paulino; «Fulge en pleno misterio la trinidad».

Si el Hijo es la reconciliación de Dios con el mundo, el Espíritu –principio de la santificación, según Atanasio; ángel entre los otros, para Macedonio– no consiente mejor definición que la de ser la intimidad de Dios con nosotros, su inmanencia en los pechos. (Para los socinianos –temo que con suficiente razón– no era más que una locución personificada, una metáfora de las operaciones divinas, trabajada luego hasta el vértigo.) Mera formación sintáctica o no, lo cierto es que la tercera ciega persona de la enredada trinidad es el reconocido autor de las Escrituras. Gibbon, en aquel capítulo de su obra que trata del Islam, incluye un censo general de las publicaciones del Espíritu Santo, calculadas con cierta timidez en unas ciento y pico; pero la que me interesa ahora es el Génesis: materia de la Cábala.

Los cabalistas, como ahora muchos cristianos, creían en la divinidad de esa historia, en su deliberada redacción por una inteligencia infinita. Las consecuencias de ese postulado son muchas. La distraída evacuación de un texto corriente –verbigracia, de las menciones efímeras del periodismo– tolera una cantidad sensible de azar. Comunican –postulándolo– un hecho: informan que el siempre irregular asalto de ayer obró en tal calle, tal esquina, a las tales horas de la mañana, receta no representable para nadie y que se limita a señalarnos el sitio Tal, donde suministran informes. En indicaciones así, la extensión y la acústica de los párrafos son necesariamente casuales. Lo contrario ocurre en los versos, cuya ordinaria ley es la sujeción del sentido a las necesidades (o supersticiones) eufónicas. Lo casual en ellos no es el sonido, es lo que significan. Así en el primer Tennyson, en Verlaine, en el último Swinburne: dedicados tan sólo a la expresión de estados generales, mediante las ricas aventuras de su prosodia. Consideremos un tercer escritor, el intelectual. Éste, ya en su manejo de la prosa (Valéry, De Quincey), ya en el del verso, no ha eliminado ciertamente el azar, pero ha rehusado en lo posible, y ha restringido, su alianza incalculable. Remotamente se aproxima al Señor, para Quien el vago concepto de azar ningún sentido tiene. Al Señor, al perfeccionado

Dios de los teólogos, que sabe de una vez –*uno in-telligendi actu*– no solamente todos los hechos de este repleto mundo, sino los que tendrían lugar si el más evanescente de ellos cambiara –los impo-sibles, también.

Imaginemos ahora esa inteligencia estelar, de-dicada a manifestarse, no en dinastías ni en aniqui-laciones ni en pájaros, sino en voces escritas. Ima-ginemos asimismo, de acuerdo con la teoría pre-agustiniana de inspiración verbal, que Dios dicta, palabra por palabra, lo que se propone decir[2]. Esa premisa (que fue la que asumieron los cabalistas) hace de la Escritura un texto absoluto, donde la co-laboración del azar es calculable en cero. La sola concepción de ese documento es un prodigio su-perior a cuantos registran sus páginas. Un libro impenetrable a la contingencia, un mecanismo de infinitos propósitos, de variaciones infalibles, de revelaciones que acechan, de superposiciones de luz ¿cómo no interrogarlo hasta lo absurdo, hasta lo prolijo numérico, según hizo la Cábala?

1931

2. Orígenes atribuyó tres sentidos a las palabras de la Escritura: el histórico, el moral y el místico, correspondientes al cuerpo, al alma y al espíritu que integran el hombre; Juan Escoto Erígena, un infinito número de sentidos, como los tornasoles del plumaje del pavo real.

Una vindicación del falso Basílides

Hacia 1905, yo sabía que las páginas omniscientes (de A a All) del primer volumen del *Diccionario enciclopédico hispano-americano* de Montaner y Simón, incluían un breve y alarmante dibujo de una especie de rey, con perfilada cabeza de gallo, torso viril con brazos abiertos que gobernaban un escudo y un látigo, y lo demás una mera cola enroscada que le servía de tronco. Hacia 1916 leí esta oscura enumeración de Quevedo: «Estaba el maldito Basílides heresiarca. Estaba Nicolás antioqueno, Carpócrates y Cerintho y el infame Ebión. Vino luego Valentino, el que dio por principio de todo, el mar y el silencio.» Hacia 1923 recorrí en Ginebra no sé qué libro heresiológico en alemán, y supe que el aciago dibujo representaba cierto dios misceláneo, que había horriblemente venerado el mismo Basílides. Supe también qué hombres desesperados y admirables fueron los gnósticos, y conocí sus especulaciones ardientes. Más adelante pude interrogar los libros especiales de Mead (en la versión alemana: *Fragmente eines verschollenen Glaubens*, 1902) y de Wolfgang Schultz (*Dokumente der Gnosis*, 1910) y los artículos de Wilhelm Bousset en la *Encyclopaedia Britannica*. Hoy me he propuesto resumir e ilustrar una de sus cosmogonías: la de Basílides heresiarca, precisamente. Sigo en un todo la notificación de Ireneo. Me consta que muchos la invalidan, pero sospecho que esta desordenada revisión de sueños difuntos puede admitir también la de un sueño que no sabemos si habitó en soñador alguno. La herejía basilidiana, por otra parte, es la de configuración más sencilla. Nació en Alejandría, dicen que a los cien años de la cruz, dicen que entre los sirios y griegos. La teología, entonces, era una pasión popular.

En el principio de la cosmogonía de Basílides hay un Dios. Esta divinidad carece majestuosamente de nombre, así como de origen; de ahí su aproximada nominación de *pater innatus*. Su medio es el *pleroma* o la plenitud: el inconcebible museo de los arquetipos platónicos, de las esencias inteligibles, de los universales. Es un Dios inmutable, pero de su reposo emanaron siete divinidades subalternas que, condescendiendo a la acción, dotaron y presidieron un primer cielo. De esta primer corona demiúrgica procedió una segunda, también con ángeles, potestades y tronos, y éstos fundaron otro cielo más bajo, que era el duplicado simétrico del inicial. Este segundo cónclave se vio reproducido en uno terciario, y éste en otro inferior, y de este modo hasta 365. El señor del cielo del fondo es el de la Escritura, y su fracción de divinidad tiende a cero. Él y sus ángeles fundaron este cielo visible, amasaron la tierra inmaterial que estamos pisando y se la repartieron después. El razonable olvido ha borrado las precisas fábulas que esta cosmogonía atribuyó al origen del hombre, pero el ejemplo de otras imaginaciones coetáneas nos permite salvar esa omisión, siquiera en forma vaga y conjetural. En el fragmento publicado por Hilgenfeld, la tiniebla y la luz habían coexistido siempre, ignorándose, y cuando se vieron al fin, la luz apenas miró y se dio vuelta, pero la enamorada oscuridad se apoderó de su reflejo o recuerdo, y ése fue el principio del hombre. En el análogo sistema de Satornilo, el cielo les depara a los ángeles obradores una

momentánea visión, y el hombre es fabricado a
su imagen, pero se arrastra por el suelo como
una víbora, hasta que el apiadado Señor le trans-
mite una centella de su poder. Lo común a esas
narraciones es lo que importa: nuestra temeraria
o culpable improvisación por una divinidad deficiente, con material ingrato. Vuelvo a la historia
de Basílides. Removida por los ángeles onerosos
del dios hebreo, la baja humanidad mereció la
lástima del Dios intemporal, que le destinó un
redentor. Éste debió asumir un cuerpo ilusorio,
pues la carne degrada. Su impasible fantasma
colgó públicamente en la cruz, pero el Cristo
esencial atravesó los cielos superpuestos y se resti-
tuyó al *pleroma*. Los atravesó indemne, pues conocía el nombre secreto de sus divinidades. «Y los
que saben la verdad de esta historia», concluye la
profesión de fe trasladada por Ireneo, «se sabrán libres del poder de los príncipes que han edificado
este mundo. Cada cielo tiene su propio nombre y
lo mismo cada ángel y señor y cada potestad de
ese cielo. El que sepa sus nombres incomparables
los atravesará invisible y seguro, igual que el redentor. Y como el Hijo no fue reconocido por nadie, tampoco el gnóstico. Y estos misterios no deberán ser pronunciados, sino guardados en silencio. Conoce a todos, que nadie te conozca.»

La cosmogonía numérica del principio ha degenerado hacia el fin en magia numérica, 365 pisos de cielo, a siete potestades por cielo, requieren la improbable retención de 2.555 amuletos orales: idioma que los años redujeron al precioso nombre de redentor, que es Caulacau, y al del inmóvil Dios, que es Abraxas. La salvación, para esta desengañada herejía, es un esfuerzo mnemotécnico de los muertos, así como el tormento del salvador es una ilusión óptica –dos simulacros que misteriosamente condicen con la precaria realidad de su mundo.

Escarnecer la vana multiplicación de ángeles nominales y de reflejados cielos simétricos de esa cosmogonía no es del todo difícil. El principio taxativo de Occam: *Entia non sunt multiplicanda praeter necessitatem,* podría serle aplicado –arrasándola. Por mi parte, creo anacrónico o inútil ese rigor. La buena conversión de esos pesados símbolos vacilantes es lo que importa. Dos intenciones veo en ellos: la primera es un lugar común de la crítica; la segunda –que no presumo erigir en descubrimiento– no ha sido recalcada hasta hoy. Empiezo por la más ostensible. Es la de resolver sin escándalo el problema del mal, mediante la hipotética inserción de una serie gradual de divinidades entre el no menos hipotético

Dios y la realidad. En el sistema examinado, esas derivaciones de Dios decrecen y se abaten a medida que se van alejando, hasta fondear en los abominables poderes que borrajearon con adverso material a los hombres. En el de Valentino –que *no* dio por principio de todo, el mar y el silencio–, una diosa caída (Achamoth) tiene con una sombra dos hijos, que son el fundador del mundo y el diablo. A Simón el Mago le achacan una exasperación de esa historia el haber rescatado a Elena de Troya, antes hija primera de Dios y luego condenada por los ángeles a trasmigraciones dolorosas, de un lupanar de marineros en Tiro[1]. Los treinta y tres años humanos de Jesucristo y su anochecer en la cruz no eran suficiente expiación para los duros gnósticos.

Falta considerar el otro sentido de esas invenciones oscuras. La vertiginosa torre de cielos de la herejía basilidiana, la proliferación de sus ángeles, la sombra planetaria de los demiurgos trastornando la tierra, la maquinación de los círculos

1. Elena, hija dolorosa de Dios. Esa divina filiación no agota los contactos de su leyenda con la de Jesucristo. A éste le asignaron los de Basílides un cuerpo insustancial; de la trágica reina se pretendió que sólo su *eidolon* o simulacro fue arrebatado a Troya. Un hermoso espectro nos redimió, otro cundió en batallas y Homero. Véase, para este docetismo de Elena, el *Fedro* de Platón y el libro *Adventures among Books,* de Andrew Lang, págs. 237-248.

inferiores contra el *pleroma,* la densa población, siquiera inconcebible o nominal, de esa vasta mitología, miran también a la disminución de este mundo. No nuestro mal, sino nuestra central insignificancia, es predicada en ellas. Como en los caudalosos ponientes de la llanura, el cielo es apasionado y monumental y la tierra es pobre. Ésa es la justificadora intención de la cosmogonía melodramática de Valentino, que devana un infinito argumento de dos hermanos sobrenaturales que se reconocen, de una mujer caída, de una burlada intriga poderosa de los ángeles malos y de un casamiento final. En ese melodrama o folletín, la creación de este mundo es un mero aparte. Admirable idea: el mundo imaginado como un proceso esencialmente fútil, como un reflejo lateral y perdido de viejos episodios celestes. La creación como hecho casual.

El proyecto fue heroico; el sentimiento religioso ortodoxo y la teología repudian esa posibilidad con escándalo. La creación primera, para ellos, es acto libre y necesario de Dios. El universo, según deja entender San Agustín, no comenzó en el tiempo, sino simultáneamente con él –juicio que niega toda prioridad del Creador. Strauss da por ilusoria la hipótesis de un momento inicial, pues éste contaminaría de tempo-

ralidad no sólo a los instantes ulteriores, sino
también a la eternidad «precedente».

Durante los primeros siglos de nuestra era, los
gnósticos disputaron con los cristianos. Fueron
aniquilados, pero nos podemos representar su
victoria posible. De haber triunfado Alejandría y
no Roma, las estrambóticas y turbias historias
que he resumido aquí serían coherentes, majes-
tuosas y cotidianas. Sentencias como la de Novalis: «La vida es una enfermedad del espíritu»[2] o la
desesperada de Rimbaud: «La verdadera vida
está ausente; no estamos en el mundo», fulmina-
rían en los libros canónicos. Especulaciones
como la desechada de Richter sobre el origen estelar de la vida y su casual diseminación en este
planeta, conocerían el asenso incondicional de
los laboratorios piadosos. En todo caso, ¿qué
mejor don que ser insignificantes podemos espe-
rar, qué mayor gloria para un Dios que la de ser
absuelto del mundo?

1931

2. Ese dictamen –*Leben ist eine Krankheit des Geistes, ein leidens-
chaftliches Tun*– debe su difusión a Carlyle, que lo destacó en su famoso artículo de la *Foreign Review,* 1829. No coincidencias momentáneas, sino un redescubrimiento esencial de las agonías y de
las luces del gnosticismo, es el de los *Libros proféticos* de William
Blake.

La postulación de la realidad

Hume notó para siempre que los argumentos de Berkeley no admiten la menor réplica y no producen la menor convicción; yo desearía, para eliminar los de Croce, una sentencia no menos educada y mortal. La de Hume no me sirve, porque la diáfana doctrina de Croce tiene la facultad de persuadir, aunque ésta sea la única. Su efecto es ser inmanejable; sirve para cortar una discusión, no para resolverla.

Su fórmula –recordará mi lector– es la identidad de lo estético y de lo expresivo. No la rechazo, pero quiero observar que los escritores de hábito clásico más bien rehuyen lo expresivo. El hecho no ha sido considerado hasta ahora; me explicaré.

El romántico, en general con pobre fortuna, quiere incesantemente expresar; el clásico prescinde contadas veces de una petición de principio. Distraigo aquí de toda connotación histórica las palabras *clásico* y *romántico;* entiendo por ellas dos arquetipos de escritor (dos procederes). El clásico no desconfía del lenguaje, cree en la suficiente virtud de cada uno de sus signos. Escribe, por ejemplo: «Después de la partida de los godos y la separación del ejército aliado, Atila se maravilló del vasto silencio que reinaba sobre los campos de Châlons: la sospecha de una estratagema hostil lo demoró unos días dentro del círculo de sus carros, y su retravesía del Rin confesó la postrer victoria lograda en nombre del imperio occidental. Moroveo y sus francos, observando una distancia prudente y magnificando la opinión de su número con los muchos fuegos que encendían cada noche, siguieron la retaguardia de los hunos hasta los confines de Turingia. Los de Turingia militaban en las fuerzas de Atila: atravesaron, en el avance y en la retirada, los territorios de los francos; cometieron tal vez entonces las atrocidades que fueron vindicadas unos ochenta años después, por el hijo de Clovis. Degollaron a sus rehenes: doscientas doncellas fueron torturadas con implacable y exquisito furor;

sus cuerpos fueron descuartizados por caballos indómitos, o aplastados sus huesos bajo el rodar de los carros, y sus miembros insepultos fueron abandonados en los caminos como una presa para perros y buitres» (Gibbon, *Decline and Fall of the Roman Empire,* XXXV). Basta el inciso «Después de la partida de los godos» para percibir el carácter mediato de esta escritura, generalizadora y abstracta hasta lo invisible. El autor nos propone un juego de símbolos, organizados rigurosamente sin duda, pero cuya animación eventual queda a cargo nuestro. No es realmente expresivo: se limita a registrar una realidad, no a representarla. Los ricos hechos a cuya póstuma alusión nos convida, importaron cargadas experiencias, percepciones, reacciones; éstas pueden inferirse de su relato, pero no están en él. Dicho con mejor precisión: no escribe los primeros contactos de la realidad, sino su elaboración final en conceptos. Es el método clásico, el observado siempre por Voltaire, por Swift, por Cervantes. Copio un segundo párrafo, ya casi abusivo, de este último: «Finalmente a Lotario le pareció que era menester en el espacio y lugar que daba la ausencia de Anselmo, apretar el cerco a aquella fortaleza, y así acometió a su presunción con las alabanzas de su hermosura, porque no hay cosa que más presto rinda y allane las encastilladas torres de la vanidad de las hermosas que la misma vanidad puesta en las lenguas de la adulación. En efecto, él con toda diligencia minó la roca de su entereza con tales pertrechos, que aunque Camila fuera toda de bronce, viniera al suelo. Lloró, rogó, ofreció, aduló, porfió y fingió Lotario con tantos sentimientos, con muestras de tantas veras, que dio al través con el recato de Camila, y vino a triunfar de lo que menos se pensaba y más deseaba» *(Quijote*, I, capítulo 34).

Pasajes como los anteriores, forman la extensa mayoría de la literatura mundial, y aun la menos indigna. Repudiarlos para no incomodar a una fórmula, sería inconducente y ruinoso. Dentro de su notoria ineficacia, son eficaces; falta resolver esa contradicción.

Yo aconsejaría esta hipótesis: la imprecisión es tolerable o verosímil en la literatura, porque a ella propendemos siempre en la realidad. La simplificación conceptual de estados complejos es muchas veces una operación instantánea. El hecho mismo de percibir, de atender, es de orden selectivo: toda atención, toda fijación de nuestra conciencia, comporta una deliberada omisión de lo no interesante. Vemos y oímos a través de recuerdos, de temores, de previsiones. En lo corporal, la inconsciencia es una necesidad de los actos físicos. Nuestro cuerpo sabe articular este difícil párrafo, sabe tratar con escaleras, con nudos, con pasos a nivel, con ciudades, con ríos correntosos, con perros, sabe atravesar una calle sin que nos aniquile el tránsito, sabe engendrar, sabe respirar, sabe dormir, sabe tal vez matar: nuestro cuerpo, no nuestra inteligencia. Nuestro vivir es una serie de adaptaciones, vale decir, una educación del olvido. Es admirable que la primer noticia de Utopía que nos dé Thomas More, sea su perpleja ignorancia de la «verdadera» longitud de uno de sus puentes...

Releo, para mejor investigación de lo clásico, el párrafo de Gibbon, y doy con una casi imperceptible y ciertamente inocua metáfora, la del reinado del silencio. Es un proyecto de expresión –ignoro si malogrado o feliz– que no parece condecir con el estricto desempeño legal del resto de su prosa. Naturalmente, la justifica su invisibilidad, su índole ya convencional. Su empleo nos permite definir otra de las marcas del clasicismo: la creencia de que una vez fraguada una imagen, ésta constituye un bien público. Para el concepto clásico, la pluralidad de los hombres y de los tiempos es accesoria, la literatura es siempre una sola. Los sorprendentes defensores de Góngora lo vindicaban de la imputación de innovar –mediante la prueba documental de la buena ascendencia erudita de sus metáforas. El hallazgo romántico de la personalidad no era ni presentido por ellos. Ahora, todos estamos tan absortos en él, que el hecho de negarlo o de descuidarlo es sólo una de tantas habilidades para «ser personal». En lo que se refiere a la tesis de que el lenguaje poético debe ser uno, cabe señalar su evanescente resurrección de parte de Arnold, que propuso reducir el vocabulario de los traductores homéricos al de la *Authorized Version* de la Escritura, sin otro alivio que la intercalación eventual de algunas libertades de Shakespeare. Su argumento era el poderío y la difusión de las palabras bíblicas...

La realidad que los escritores clásicos proponen es cuestión de confianza, como la paternidad para cierto personaje de los *Lehrjahre*. La que procuran agotar los románticos es de carácter impositivo más bien: su método continuo es el énfasis, la mentira parcial. No inquiero ilustraciones: todas las páginas de prosa o de verso que son profesionalmente actuales pueden ser interrogadas con éxito.

La postulación clásica de la realidad puede asumir tres modos, muy diversamente accesibles. El de trato más fácil consiste en una notificación general de los hechos que importan. (Salvadas unas incómodas alegorías, el supracitado texto de Cervantes no es mal ejemplo de ese modo primero y espontáneo de los procedimientos clásicos.) El segundo consiste en imaginar una realidad más compleja que la declarada al lector y referir sus derivaciones y efectos. No sé de mejor ilustración que la apertura del fragmento heroico de Tennyson, *Morte d'Arthur,* que reproduzco en desentonada prosa española, por el interés de su técnica. Vierto literalmente: «Así, durante todo el día, retumbó el ruido bélico por las montañas junto al mar invernal, hasta que la tabla del rey Artús, hombre por hombre, había caído en Lyonness en torno de su señor, el rey Artús: entonces, porque su herida era profunda, el intrépido Sir Bediver lo alzó, Sir Bediver el último de sus caballeros, y lo condujo a una capilla cerca del campo, un presbiterio roto, con una cruz rota, que estaba en un oscuro brazo de terreno árido. De un lado yacía el Océano; del otro lado, un agua grande, y la luna era llena.» Tres veces ha postulado esa narración una realidad más compleja: la primera, mediante el artificio gramatical del adverbio *así;* la segunda y mejor, mediante la manera incidental de transmitir un hecho: *por-*

que su herida era profunda; la tercera, mediante la inesperada adición de *y la luna era llena.* Otra eficaz ilustración de ese método la proporciona Morris, que después de relatar el mítico rapto de uno de los remeros de Jasón por las ligeras divinidades de un río, cierra de este modo la historia: «El agua ocultó a las sonrojadas ninfas y al despreocupado hombre dormido. Sin embargo, antes de perderlos el agua, una atravesó corriendo aquel prado y recogió del pasto la lanza con moharra de bronce, el escudo claveteado y redondo, la espada con el puño de marfil, y la cota de mallas, y luego se arrojó a la corriente. Así, quién podrá contar esas cosas, salvo que el viento las contara o el pájaro que desde el cañaveral las vio y escuchó». Este testimonio final de seres no mentados aún, es lo que nos importa.

El tercer método, el más difícil y eficiente de todos, ejerce la invención circunstancial. Sirva de ejemplo cierto memorabilísimo rasgo de *La gloria de Don Ramiro:* ese aparatoso «caldo de torrezno, que se servía en una sopera con candado para defenderlo de la voracidad de los pajes», tan insinuativo de la miseria decente, de la retahíla de criados, del caserón lleno de escaleras y vueltas y de distintas luces. He declarado un ejemplo corto, lineal, pero sé de dilatadas obras

–las rigurosas novelas imaginativas de Wells[1], las exasperadamente verosímiles de Daniel Defoe– que no frecuentan otro proceder que el desenvolvimiento o la serie de esos pormenores lacónicos de larga proyección. Asevero lo mismo de las novelas cinematográficas de Josef von Sternberg, hechas también de significativos momentos. Es método admirable y difícil, pero su aplicabilidad general lo hace menos estrictamente literario que los dos anteriores, y en particular que el segundo.

1. Así *El hombre invisible*. Ese personaje –un estudiante solitario de química en el desesperado invierno de Londres– acaba por reconocer que los privilegios del estado invisible no cubren los inconvenientes. Tiene que ir descalzo y desnudo, para que un sobretodo apresurado y unas botas autónomas no afiebren la ciudad. Un revólver, en su transparente mano, es de ocultación imposible. Antes de asimilados, también lo son los alimentos deglutidos por él. Desde el amanecer sus párpados nominales no detienen la luz y debe acostumbrarse a dormir como con los ojos abiertos. Inútil asimismo echar el brazo afantasmado sobre los ojos. En la calle los accidentes de tránsito lo prefieren y siempre está con el temor de morir aplastado. Tiene que huir de Londres. Tiene que refugiarse en pelucas, en quevedos ahumados, en narices de carnaval, en sospechosas barbas, en guantes, *para que no vean que* es *invisible*. Descubierto, inicia en un villorrio de tierra adentro un miserable Reino del Terror. Hiere, para que lo respeten, a un hombre. Entonces el comisario lo hace rastrear por perros, lo acorralan cerca de la estación y lo matan. Otro ejemplo habilísimo de fantasmagoría circunstancial es el cuento de Kipling «The Finest Story in the World», de su recopilación de 1893 *Many Inventions*.

Éste suele funcionar a pura sintaxis, a pura des-
treza verbal. Pruébelo estos versos de Moore:

> *Je suis ton amant, et la blonde*
> *Gorge tremble sous mon baiser,*

cuya virtud reside en la transición de pronombre
posesivo a artículo determinado, en el empleo
sorprendente de *la*. Su reverso simétrico está en la
siguiente línea de Kipling:

> *Little they trust to sparrow – dust that stop the*
> *seal in his sea!*

Naturalmente, *his* está regido por *seal*. Que
detienen a la foca en su mar.

1931

Films

Escribo mi opinión de unos films estrenados últimamente.

El mejor, a considerable distancia de los otros: *El asesino Karamasoff* (Filmreich). Su director (Ozep) ha eludido sin visible incomodidad los aclamados y vigentes errores de la producción alemana –la simbiología lóbrega, la tautología o vana repetición de imágenes equivalentes, la obscenidad, las aficiones teratológicas, el satanismo– sin tampoco incurrir en los todavía menos esplendorosos de la escuela soviética: la omisión absoluta de caracteres, la mera antología fotográfica, las burdas seducciones del comité. (De los franceses no hablo: su mero y pleno afán hasta ahora es el de no parecer norteamericanos

–riesgo que ciertamente no corren.) Yo desconozco la espaciosa novela de la que fue excavado este film: culpa feliz que me ha permitido gozarlo, sin la continua tentación de superponer el espectáculo actual sobre la recordada lectura, a ver si coincidían. Así, con inmaculada prescindencia de sus profanaciones nefandas y de sus meritorias fidelidades –ambas inimportantes–, el presente film es poderosísimo. Su realidad, aunque puramente alucinatoria, sin subordinación ni cohesión, no es menos torrencial que la de *Los muelles de Nueva York,* de Josef von Sternberg. Su presentación de una genuina, candorosa felicidad después de un asesinato, es uno de sus altos momentos. Las fotografías –la del amanecer ya preciso, la de las bolas monumentales de billar aguardando el impacto, la de la mano clerical de Smerdiakov, retirando el dinero– son excelentes, de invención y de ejecución.

Paso a otro film. El que misteriosamente se nombra *Luces de la ciudad* de Chaplin ha conocido el aplauso incondicional de todos nuestros críticos; verdad es que su impresa aclamación es más bien una prueba de nuestros irreprochables servicios telegráficos y postales, que un acto personal, presuntuoso. ¿Quién iba a atreverse a ignorar que Charlie Chaplin es uno de los dioses más seguros de la mitología de nuestro tiempo, un colega de las inmóviles pesadillas de Chirico, de las fervientes ametralladoras de Scarface Al, del universo finito aunque ilimitado, de las espaldas cenitales de Greta Garbo, de los tapiados ojos de Gandhi? ¿Quién a desconocer que su novísima *comédie larmoyante* era de antemano asombrosa? En realidad, en la que creo realidad, este visitadísimo film del espléndido inventor y protagonista de *La quimera del oro* no pasa de una lánguida antología de pequeños percances, impuestos a una historia sentimental. Alguno de estos episodios es nuevo; otro, como el de la alegría técnica del basurero ante el providencial (y luego falaz) elefante que debe suministrarle una dosis de *raison d'être,* es una reedición facsimilar del incidente del basurero troyano y del falso caballo de los griegos, del pretérito film *La vida privada de Elena de Troya.* Objeciones más generales pueden aducirse también contra *City Lights.* Su carencia de realidad sólo es comparable a su carencia, también desesperante, de irrealidad. Hay películas reales –*El acusador de sí mismo, Los pequeros, Y el mundo marcha,* hasta *La melodía de Broadway*–; las hay de voluntaria irrealidad: las individualísimas de Borzage, las de Harry Langdon, las de Buster Keaton, las de Eisenstein.

A este segundo género correspondían las trave-
suras primitivas de Chaplin, apoyadas sin duda
por la fotografía superficial, por la espectral velocidad de la acción, y por los fraudulentos bigotes,
insensatas barbas postizas, agitadas pelucas y le-
vitones portentosos de los actores. *City Lights* no
consigue esa irrealidad, y se queda en inconvincente. Salvo la ciega luminosa, que tiene lo extraordinario de la hermosura, y salvo el mismo
Charlie, siempre tan disfrazado y tan tenue, todos
sus personajes son temerariamente normales. Su
destartalado argumento pertenece a la difusa
técnica conjuntiva de hace veinte años. Arcaís-
mo y anacronismo son también géneros literarios, lo sé; pero su manejo deliberado es cosa
distinta de su perpetración infeliz. Consigno mi
esperanza –demasiadas veces satisfecha– de no
tener razón.

En *Marruecos* de Sternberg, también es per-
ceptible el cansancio, si bien en grado menos to-
dopoderoso y suicida. El laconismo fotográfico,
la organización exquisita, los procedimientos
oblicuos y suficientes de *La ley del hampa,* han
sido reemplazados aquí por la mera acumula-
ción de comparsas, por los brochazos de excesivo color local. Sternberg, para significar Marruecos, no ha imaginado un medio menos brutal

que la trabajosa falsificación de una ciudad mora
en suburbios de Hollywood, con lujo de albor-
noces y piletas y altos muecines guturales que
preceden el alba y camellos con sol. En cambio,
su argumento general es bueno, y a su resolución
en claridad, en desierto, en punto de partida otra
vez, es la de nuestro primer *Martín Fierro* o la de
la novela *Sanin* del ruso Arizibáshef. *Marruecos*
se deja ver con simpatía, pero no con el goce intelectual que produce *La batida*, la heroica.

Los rusos descubrieron que la fotografía oblicua
(y por consiguiente deforme) de un botellón, de
una cerviz de toro o de una columna, era de un
valor plástico superior a la de mil y un *extras* de
Hollywood, rápidamente disfrazados de asirios y
luego barajados hasta la total vaguedad por Cecil
B. de Mille. También descubrieron que las con-
venciones del Middle West –méritos de la denuncia y del espionaje, felicidad final y matri-
monial, intacta integridad de las prostitutas,
concluyente *upper cut* administrado por un joven abstemio– podían ser canjeadas por otras no
menos admirables. (Así, en uno de los más altos
films del Soviet, un acorazado bombardea a que-
marropa el abarrotado puerto de Odesa, sin otra
mortandad que la de unos leones de mármol.

Esa puntería inocua se debe a que es un virtuoso acorazado maximalista.) Tales descubrimientos fueron propuestos a un mundo saturado hasta el fastidio por las emisiones de Hollywood. El mundo los honró, y estiró su agradecimiento hasta pretender que la cinematografía soviética había obliterado para siempre a la americana. (Eran los años en que Alejandro Block anunciaba, con el acento peculiar de Walt Whitman, que los rusos eran escitas.) Se olvidó, o se quiso olvidar, que la mayor virtud del film ruso era su interrupción de un régimen californiano continuo. Se olvidó que era imposible contraponer algunas buenas o excelentes violencias (*Iván el Terrible, El acorazado Potemkin,* tal vez *Octubre*) a una vasta y compleja literatura, ejercitada con desempeño feliz en todos los géneros, desde la incomparable comicidad (Chaplin, Buster Keaton y Langdon) hasta las puras invenciones fantásticas: mitología del Krazy Kat y de Bimbo. Cundió la alarma rusa; Hollywood reformó o enriqueció alguno de sus hábitos fotográficos y no se preocupó mayormente.

King Vidor, sí. Me refiero al desigual director de obras tan memorables como *Aleluya* y tan innecesarias y triviales como *Billy the Kid*: púdica historiación de las veinte muertes (sin contar mejicanos) del más mentado peleador de Arizona, hecha sin otro mérito que el acopio de tomas panorámicas y la metódica prescindencia de *close-ups* para significar el desierto. Su obra más reciente, *Street Scene,* adaptada de la comedia del mismo nombre del ex expresionista Elmer Rice, está inspirada por el mero afán negativo de no parecer «standard». Hay un insatisfactorio mínimum de argumento. Hay un héroe virtuoso, pero manoseado por un compadrón. Hay una pareja romántica, pero toda unión legal o sacramental les está prohibida. Hay un glorioso y excesivo italiano, *larger than life,* que tiene a su evidente cargo toda la comicidad de la obra, y cuya vasta irrealidad cae también sobre sus normales colegas. Hay personajes que parecen de veras y hay otros disfrazados. No es, sustancialmente, una obra realista; es la frustración o la represión de una obra romántica.

Dos grandes escenas la exaltan: la del amanecer, donde el rico proceso de la noche está compendiado por una música; la del asesinato, que nos es presentado indirectamente, en el tumulto y en la tempestad de los rostros.

1932

El arte narrativo y la magia

E l análisis de los procedimientos de la novela ha conocido escasa publicidad. La causa histórica de esta continuada reserva es la prioridad de otros géneros; la causa fundamental, la casi inextricable complejidad de los artificios novelescos, que es laborioso desprender de la trama. El analista de una pieza forense o de una elegía dispone de un vocabulario especial y de la facilidad de exhibir párrafos que se bastan; el de una dilatada novela carece de términos convenidos y no puede ilustrar lo que afirma con ejemplos inmediatamente fehacientes. Solicito, pues, un poco de resignación para las verificaciones que siguen.

Empezaré por considerar la faz novelesca del libro *The Life and Death of Jason* (1867) de Wi-

lliam Morris. Mi fin es literario, no histórico: de
ahí que deliberadamente omita cualquier estudio, o apariencia de estudio, de la filiación helé-
nica del poema. Básteme copiar que los antiguos
–entre ellos, Apolonio de Rodas– habían versifi-
cado ya las etapas de la hazaña argonáutica, y
mencionar un libro intermedio, de 1474, *Les
faits et prouesses du noble et vaillant chevalier Jason,* inaccesible en Buenos Aires, naturalmente,
pero que los comentadores ingleses podrían revisar.

El arduo proyecto de Morris era la narración
verosímil de las aventuras fabulosas de Jasón, rey
de Iolcos. La sorpresa lineal, recurso general de la
lírica, no era posible en esa relación de más de
diez mil versos. Ésta necesitaba ante todo una
fuerte apariencia de veracidad, capaz de producir
esa espontánea suspensión de la duda, que constituye, para Coleridge, la fe poética. Morris consigue despertar esa fe; quiero investigar cómo.

Solicito un ejemplo del primer libro. Aeson,
antiguo rey de Iolcos, entrega su hijo a la tutela
selvática del centauro Quirón. El problema reside
en la difícil verosimilitud del centauro. Morris lo
resuelve insensiblemente. Empieza por mencionar esa estirpe, entreverándola con nombres de
fieras que también son extrañas.

Where bears and wolves the centaurs' arrows find

explica sin asombro. Esa mención primera, incidental, es continuada a los treinta versos por
otra, que se adelanta a la descripción. El viejo
rey ordena a un esclavo que se dirija con el niño
a la selva que está al pie de los montes y que so-
ple en un cuerno de marfil para que aparezca el
centauro, que será (le advierte) *de grave fisono-
mía y robusto,* y que se arrodille ante él. Siguen
las órdenes, hasta parar en la tercera mención,
negativa engañosamente. El rey le recomienda
que no le inspire ningún temor el centauro. Después, como pesaroso del hijo que va a perder,
trata de imaginar su futura vida en la selva, entre
los *quick-eyed centaurs* –rasgo que los anima,
justificado por su condición famosa de arque-
ros[1]. El esclavo cabalga con el hijo y se apea al
amanecer, ante un bosque. Se interna a pie entre
las encinas, con el hijito cargado. Sopla en el
cuerno entonces, y espera. Un mirlo está can-
tando en esa mañana, pero el hombre ya empie-

1. Cf. el verso:

Cesare armato, con li occhi grifagni
                                   (Inferno IV, 213).

za a distinguir un ruido de cascos, y siente un poco de temor en el corazón, y se distrae del niño, que siempre forcejea por alcanzar el cuerno brillante. Aparece Quirón: nos dicen que antes fue de pelo manchado, pero en la actualidad casi blanco, no muy distinto del color de su melena humana, y con una corona de hojas de encina en la transición de bruto a persona. El esclavo cae de rodillas. Anotemos, de paso, que Morris puede no comunicar al lector su imagen del centauro ni siquiera invitarnos a tener una, le basta con nuestra continua fe en sus palabras, como en el mundo real.

Idéntica persuasión pero más gradual, la del episodio de las sirenas, en el libro catorce. Las imágenes preparatorias son de dulzura. La cortesía del mar, la brisa de olor anaranjado, la peligrosa música reconocida primero por la hechicera Medea, su previa operación de felicidad en los rostros de los marineros que apenas tenían conciencia de oírla, el hecho verosímil de que al principio no se distinguían bien las palabras, dicho en modo indirecto:

And by their faces could the queen behold
How sweet it was, although no tale it told,
To those worn toilers o'er the bitter sea,

anteceden la aparición de esas divinidades. Éstas, aunque avistadas finalmente por los remeros, siempre están a alguna distancia implícita en
la frase circunstancial:

> *for they were near enow*
> *To see the gusty wind of evening blow*
> *Long locks of hair across those bodies white*
> *With golden spray hiding some dear delight.*

El último pormenor: *el rocío de oro* –¿de sus vio-
lentos rizos, del mar, de ambos o de cualquiera?–
ocultando alguna querida delicia, tiene otro fin,
también: el de significar su atracción. Ese doble
propósito se repite en una circunstancia siguiente: la neblina de lágrimas ansiosas, que ofusca la
visión de los hombres. (Ambos artificios son del
mismo orden que el de la corona de ramas en la
figuración del centauro.) Jasón, desesperado
hasta la ira por las sirenas[2], las apoda *brujas del*

2. A lo largo del tiempo, las sirenas cambian de forma. Su primer
historiador, el rapsoda del duodécimo libro de la *Odisea,* no nos
dice cómo eran; para Ovidio, son pájaros de plumaje rojizo y cara
de virgen; para Apolonio de Rodas, de medio cuerpo para arriba
son mujeres, y en lo restante, pájaros; para el maestro Tirso de
Molina (y para la heráldica), «la mitad mujeres, peces la mitad».
No menos discutible es su índole; *ninfas* las llama; el diccionario
clásico de Lemprière entiende que son ninfas, el de Quicherat que

mar y hace que cante Orfeo, el dulcísimo. Viene la tensión, y Morris tiene el maravilloso escrúpulo de advertirnos que las canciones atribuidas por él a la boca imbesada de las sirenas y la de Orfeo no encierran más que un transfigurado recuerdo de lo cantado entonces. La misma precisión insistente de sus colores –los bordes amarillos de la

son monstruos y el de Grimal que son demonios. Moran en una isla del poniente, cerca de la isla de Circe, pero el cadáver de una de ellas, Parténope, fue encontrado en Campania, y dio su nombre a la famosa ciudad que ahora lleva el de Nápoles, y el geógrafo Estrabón vio su tumba y presenció los juegos gimnásticos y la carrera con antorchas que periódicamente se celebraban para honrar su memoria.

La *Odisea* refiere que las sirenas atraían y perdían a los navegantes y que Ulises, para oír sus cantos y no perecer, tapó con cera los oídos de sus remeros y ordenó que lo sujetaran al mástil. Para tentarlo, las sirenas prometían el conocimiento de todas las cosas del mundo: «Nadie ha pasado por aquí en su negro bajel sin haber escuchado de nuestra boca la voz dulce como el panal y haberse regocijado con ella, y haber proseguido más sabio. Porque sabemos todas las cosas: cuántos afanes padecieron argivos y troyanos en la ancha Tróada por determinación de los dioses y sabemos cuánto sucederá en la tierra fecunda» *(Odisea,* XII). Una tradición recogida por el mitólogo Apolodoro en su *Biblioteca,* narra que Orfeo, desde la nave de los argonautas, cantó con más dulzura que las sirenas y que éstas se precipitaron al mar y quedaron convertidas en rocas, porque su ley era morir cuando alguien no sintiera su hechizo. También la Esfinge se precipitó de lo alto cuando adivinaron su enigma.

En el siglo VI, una sirena fue capturada y bautizada en el norte de Gales, y llegó a figurar como una santa en ciertos almanaques playa, la dorada espuma, la roca gris– nos puede enternecer, porque parecen frágilmente salvados de ese antiguo crepúsculo. Cantan las sirenas para aducir una felicidad que es vaga como el agua –*Such bodies garlanded with gold, so faint, so fair*–; canta Orfeo oponiendo las venturas firmes de la tierra. Prometen las sirenas un indolente cielo submarino, *roofed over by the changeful sea* (techado por el variable mar), según repetiría –¿dos mil quinientos años después, o sólo cincuenta?– Paul Valéry. Cantan y alguna discernible contaminación de su peligrosa dulzura entra en el canto correctivo de Orfeo. Pasan los argonautas al fin, pero un alto ateniense, terminada ya la tensión y largo el surco atrás de la nave, atra-

antiguos, bajo el nombre de Murgan. Otra, en 1403, pasó por una brecha en un dique, y habitó en Haarlem hasta el día de su muerte. Nadie la comprendía, pero le enseñaron a hilar y veneraba como por instinto la cruz. Un cronista del siglo XVI razonó que no era un pescado porque sabía hilar, y que no era una mujer porque podía vivir en el agua.

El idioma inglés distingue la sirena clásica *(Siren)* de las que tienen cola de pez *(mermaids)*. En la formación de estas últimas habían influido por analogía los tritones, divinidades del cortejo de Poseidón.

En el décimo libro de la *República,* ocho sirenas presiden la rotación de los ocho cielos concéntricos.

Sirena: supuesto animal marino, leemos en un diccionario brutal.

viesa corriendo las filas de los remeros y se tira
desde la popa al mar.

Paso a una segunda ficción, el *Narrative of A.
Gordon Pym* (1838) de Poe. El secreto argumento de esa novela es el temor y la vilificación de lo
blanco. Poe finge unas tribus que habitan en la
vecindad del Círculo Antártico, junto a la patria
inagotable de ese color, y que de generaciones
atrás han padecido la terrible visitación de los
hombres y de las tempestades de la blancura. El
blanco es anatema para esas tribus y puedo confesar que lo es también, cerca del último renglón
del último capítulo, para los condignos lectores.
Los argumentos de ese libro son dos: uno inmediato, de vicisitudes marítimas; otro infalible, si-
giloso y creciente, que sólo se revela al final.
«Nombrar un objeto», dicen que dijo Mallarmé,
«es suprimir las tres cuartas partes del goce del
poema, que reside en la felicidad de ir adivinan-
do; el sueño es sugerirlo». Niego que el escrupuloso poeta haya redactado esa numérica frivolidad de *las tres cuartas partes,* pero la idea general
le conviene y la ejecutó ilustremente en su presentación lineal de un ocaso:

Victorieusement fuit le suicide beau
Tison de gloire, sang par écume, or, tempête!

La sugirió, sin duda, el *Narrative of A. Gordon Pym*. El mismo impersonal color blanco ¿no es mallarmeano? (Creo que Poe prefirió ese color, por intuiciones o razones idénticas a las declaradas luego por Melville, en el capítulo «The whiteness of the whale» de su también espléndida alucinación *Moby Dick*.) Imposible exhibir o analizar aquí la novela entera, básteme traducir un rasgo ejemplar, subordinado –como todos– al secreto argumento. Se trata de la oscura tribu que mencioné y de los riachuelos de su isla. Determinar que su agua era colorada o azul, hubiera sido recusar demasiado toda posibilidad de blancura. Poe resuelve ese problema así, enriqueciéndonos: «Primero nos negamos a probarla, suponiéndola corrompida. Ignoro cómo dar una idea justa de su naturaleza, y no lo conseguiré sin muchas palabras. A pesar de correr con rapidez por cualquier desnivel, nunca parecía límpida, salvo al despeñarse en un salto. En casos de poco declive, era tan consistente como una infusión espesa de goma arábiga, hecha en agua común. Éste, sin embargo, era el menos singular de sus caracteres. No era incolora ni era de un color invariable, ya que su fluencia proponía a los ojos todos los matices del púrpura, como los tonos de una seda cambiante. Dejamos que se asentara en

una vasija y comprobamos que la entera masa del
líquido estaba separada en vetas distintas, cada
una de tono individual, y que estas vetas no se
mezclaban. Si se pasaba la hoja de un cuchillo a lo
ancho de la vetas, el agua se cerraba inmediatamente, y al retirar la hoja desaparecía el rastro.
En cambio, cuando la hoja era insertada con precisión entre dos de las vetas, ocurría una perfecta separación, que no se rectificaba en seguida.»
Rectamente se induce de lo anterior que el problema central de la novelística es la causalidad.
Una de las variedades del género, la morosa novela de caracteres, finge o dispone una concatena-
ción de motivos que se proponen no diferir de
los del mundo real. Su caso, sin embargo, no es el
común. En la novela de continuas vicisitudes, esa
motivación es improcedente, y lo mismo en el
relato de breves páginas y en la infinita novela espectacular que compone Hollywood con los pla-
teados *ídola* de Joan Crawford y que las ciudades
releen. Un orden muy diverso los rige, lúcido y
atávico. La primitiva claridad de la magia.

Ese procedimiento o ambición de los antiguos hombres ha sido sujetado por Frazer a una
conveniente ley general, la de la simpatía, que
postula un vínculo inevitable entre cosas distan-
tes, ya porque su figura es igual –magia imitativa,

homeopática– ya por el hecho de una cercanía
anterior –magia contagiosa–. Ilustración de la
segunda era el ungüento curativo de Kenelm
Digby, que se aplicaba no a la vendada herida,
sino al acero delincuente que la infirió –mientras
aquélla, sin el rigor de bárbaras curaciones, iba
cicatrizando–. De la primera los ejemplos son
infinitos. Los pieles rojas de Nebraska revestían
cueros crujientes de bisonte con la cornamenta y
la crin y machacaban día y noche sobre el desierto un baile tormentoso, para que los bisontes lle-
garan. Los hechiceros de la Australia Central se
infieren una herida en el antebrazo que hace correr la sangre, para que el cielo imitativo o cohe-
rente se desangre en lluvia también. Los malayos
de la Península suelen atormentar o denigrar una
imagen de cera, para que perezca su original. Las
mujeres estériles de Sumatra cuidan un niño de
madera y lo adornan, para que sea fecundo su
vientre. Por iguales razones de analogía, la raíz
amarilla de la cúrcuma sirvió para combatir la
icteria, y la infusión de ortigas debió contra-
rrestar la urticaria. El catálogo entero de esos
atroces o irrisorios ejemplos es de enumeración
imposible; creo, sin embargo, haber alegado bas-
tantes para demostrar que la magia es la corona-
ción o pesadilla de lo causal, no su contradic-

ción. El milagro no es menos forastero en ese universo que en el de los astrónomos. Todas las leyes naturales lo rigen, y otras imaginarias. Para el supersticioso, hay una necesaria conexión no sólo entre un balazo y un muerto, sino entre un muerto y una maltratada efigie de cera o la rotura profética de un espejo o la sal que se vuelca o trece comensales terribles.

Esa peligrosa armonía, esa frenética y precisa causalidad, manda en la novela también. Los historiadores sarracenos de quienes trasladó el doctor José Antonio Conde su *Historia de la dominación de los árabes en España,* no escriben de sus reyes y jalifas que fallecieron, sino «Fue conducido a las recompensas y premios» o «Pasó a la misericordia del Poderoso» o «Esperó el destino tantos años, tantas lunas y tantos días». Ese recelo de que un hecho temible pueda ser atraído por su mención, es impertinente o inútil en el asiático desorden del mundo real, no así en una novela, que debe ser un juego preciso de vigilancias, ecos y afinidades. Todo episodio, en un cuidadoso relato, es de proyección ulterior. Así, en una de las fantasmagorías de Chesterton, un desconocido acomete a un desconocido para que no lo embista un camión, y esa violencia necesaria, pero alarmante, prefigura su acto final de declararlo

insano para que no lo puedan ejecutar por un
crimen. En otra, una peligrosa y vasta conspiración integrada por un solo hombre (con socorro
de barbas, de caretas y de seudónimos) es anun-
ciada con tenebrosa exactitud en el dístico:

> *As all stars shrivel in the single sun,*
> *The words are many, but The Word is one*

que viene a descifrarse después, con permuta-
ción de mayúsculas:

> *The words are many, but the word is One.*

En una tercera, la *maquette* inicial –la mención escueta de un indio que arroja su cuchillo a
otro y lo mata– es el estricto reverso del argumento: un hombre apuñalado por su amigo con
una flecha, en lo alto de una torre. Cuchillo vola-
dor, flecha que se deja empuñar. Larga repercu-
sión tienen las palabras. Ya señalé una vez que la
sola mención preliminar de los bastidores escénicos contamina de incómoda irrealidad las figura-
ciones del amanecer, de la pampa, del anochecer,
que ha intercalado Estanislao del Campo en el
Fausto. Esa teleología de palabras y de episodios
es omnipresente también en los buenos films. Al

principiar *A cartas vistas (The showdown),* unos aventureros se juegan a los naipes una prostituta, o su turno; al terminar, uno de ellos ha jugado la posesión de la mujer que quiere. El diálogo inicial de *La ley del hampa* versa sobre la delación, la primera escena es un tiroteo en una avenida; esos rasgos resultan premonitorios del asunto central. En *Fatalidad (Dishonored)* hay temas recurrentes: la espada, el beso, el gato, la traición, las uvas, el piano. Pero la ilustración más cabal de un orbe autónomo de corroboraciones, de presagios, de monumentos, es el predestinado *Ulises* de Joyce. Basta el examen del libro expositivo de Gilbert o, en su defecto, de la vertiginosa novela.

Procuro resumir lo anterior. He distinguido dos procesos causales: el natural, que es el resultado incesante de incontrolables e infinitas operaciones; el mágico, donde profetizan los pormenores, lúcido y limitado. En la novela, pienso que la única posible honradez está en el segundo. Quede el primero para la simulación psicológica.

1932

Paul Groussac

He verificado en mi biblioteca diez tomos de Groussac. Soy un lector hedónico: jamás consentí que mi sentimiento del deber interviniera en afición tan personal como la adquisición de libros, ni probé fortuna dos veces con autor intratable, eludiendo un libro anterior con un libro nuevo, ni compré libros –crasamente– en montón. Esa perseverada decena evidencia, pues, la continua legibilidad de Groussac, la condición que se llama *readableness* en inglés. En español es virtud rarísima: todo escrupuloso estilo contagia a los lectores una sensible porción de la molestia con que fue trabajado. Fuera de Groussac, sólo he comprobado en Alfonso Reyes una ocultación o invisibilidad igual del esfuerzo.

El solo elogio no es iluminativo; precisamos
una definición de Groussac. La tolerada o recomendada por él –la de considerarlo un mero via-
jante de la discreción de París, un misionero de
Voltaire entre el mulataje– es deprimente de la
nación que lo afirma y del varón que se pretende
realzar, subordinándolo a tan escolares empleos.
Ni Groussac era un hombre clásico –esencialmente lo era mucho más José Hernández– ni esa
pedagogía era necesaria. Por ejemplo: la novela
argentina no es ilegible por faltarle mesura, sino
por falta de imaginación, de fervor. Digo lo mismo de nuestro vivir general.

Es evidente que hubo en Paul Groussac otra
cosa que las represiones del profesor, que la
santa cólera de la inteligencia ante la ineptitud
aclamada. Hubo un placer desinteresado en el
desdén. Su estilo se acostumbró a despreciar,
creo que sin mayor incomodidad para quien lo
ejercía. El *facit indignatio versum* no nos dice la
razón de su prosa: mortal y punitiva más de una
vez como en cierta causa célebre de *La Biblioteca*,
pero en general reservada, cómoda en la ironía,
retráctil. Supo deprimir bien, hasta con cariño;
fue impreciso o inconvincente para elogiar. Basta recorrer las pérfidas conferencias hermosas
que tratan de Cervantes y después la apoteosis

vaga de Shakespeare, basta cotejar esta buena ira: «Sentiríamos que la circunstancia de haberse puesto en venta el alegato del doctor Piñero fuera un obstáculo serio para su difusión, y que este sazonado fruto de un año y medio de vagar diplomático se limitara a causar "impresión" en la casa de Coni. Tal no sucederá, Dios mediante, y al menos en cuanto dependa de nosotros, no se cumplirá tan melancólico destino», con estas ignominias o incontinencias: «Después del dorado triunfo de las mieses que a mi llegada presenciara, lo que ahora contemplo, en los horizontes esfumados por la niebla azul, es la fiesta alegre de la vendimia, que envuelve en un inmenso festón de sana poesía la rica prosa de los lagares y fábricas. Y lejos, muy lejos de los estériles bulevares y sus teatros enfermizos, he sentido de nuevo bajo mis plantas el estremecimiento de la Cibeles antigua, eternamente fecunda y joven, para quien el reposado invierno no es sino la gestación de otra primavera próxima...» Ignoro si se podrá inducir que el buen gusto era requisado por él con fines exclusivos de terrorismo, pero el malo para uso personal.

No hay muerte de escritor sin el inmediato planteo de un problema ficticio, que reside en indagar –o profetizar– qué parte quedará de su obra. Ese problema es generoso, ya que postula la existencia posible de hechos intelectuales eternos, fuera de la persona o circunstancias que los produjeron; pero también es ruin, porque parece husmear corrupciones. Yo afirmo que el problema de la inmortalidad es más bien dramático. Persiste el hombre total o desaparece. Las equivocaciones no dañan: si son características, son preciosas. Groussac, persona inconfundible, Renán quejoso de su gloria a trasmano, no puede no quedar. Su mera inmortalidad sudamericana corresponderá a la inglesa de Samuel Johnson: los dos autoritarios, doctos, mordaces.

La sensación incómoda de que en las primeras naciones de Europa o en Norte América hubiera sido un escritor casi imperceptible, hará que muchos argentinos le nieguen primacía en nuestra desmantelada república. Ella, sin embargo, le pertenece.

1929

La duración del Infierno

Es especulación que ha ido fatigándose con los años, la del Infierno. Lo descuidan los mismos predicadores, desamparados tal vez de la pobre, pero servicial, alusión humana, que las hogueras eclesiásticas del Santo Oficio eran en este mundo: tormento temporal sin duda, pero no indigno dentro de las limitaciones terrenas, de ser una metáfora del inmortal, del perfecto dolor sin destrucción, que conocerán para siempre los herederos de la ira divina. Sea o no satisfactoria esta hipótesis, no es discutible una lasitud general en la propaganda de ese establecimiento. (Nadie se sobresalte aquí: la voz *propaganda* no es de genealogía comercial, sino católica; es una reunión de los cardenales.) En el siglo II, el cartaginés

Tertuliano podía imaginarse el Infierno y prever su operación con este discurso: «Os agradan las representaciones; esperad la mayor, el Juicio Final. Qué admiración en mí, qué carcajadas, qué celebraciones, qué júbilo, cuando vea tantos reyes soberbios y dioses engañosos doliéndose en la prisión más ínfima de la tiniebla; tantos magistrados que persiguieron el nombre del Señor, derritiéndose en hogueras más feroces que las que azuzaron jamás contra los cristianos; tantos graves filósofos ruborizándose en las rojas hogueras con sus auditores ilusos; tantos aclamados poetas temblando no ante el tribunal de Midas, sino de Cristo; tantos actores trágicos, más elocuentes ahora en la manifestación de un tormento tan genuino...» *(De spectaculis,* 30; cita y versión de Gibbon). El mismo Dante, en su gran tarea de prever en modo anecdótico algunas decisiones de la divina Justicia relacionadas con el Norte de Italia, ignora un entusiasmo igual. Después, los infiernos literarios de Quevedo –mera oportunidad chistosa de anacronismos– y de Torres Villarroel –mera oportunidad de metáforas– sólo evidenciarán la creciente oportunidad del dogma. La decadencia del Infierno está en ellos casi como en Baudelaire, ya tan incrédulo de los imperecederos tormentos que simula adorarlos.

(Una etimología significativa deriva el inocuo verbo francés *gêner* de la poderosa palabra de la Escritura *gehenna*.)

Paso a considerar el Infierno. El distraído artículo pertinente del *Diccionario enciclopédico hispano-americano* es de lectura útil, no por sus menesterosas noticias o por su despavorida teología de sacristán, sino por la perplejidad que se le entrevé. Empieza por observar que la noción de infierno no es privativa de la Iglesia católica, precaución cuyo sentido intrínseco es: «No vayan a decir los masones que esas brutalidades las introdujo la Iglesia», pero se acuerda acto continuo de que el Infierno es dogma, y añade con algún apuro: «Gloria inmarcesible es del cristianismo atraer hacia sí cuantas verdades se hallaban esparcidas entre las falsas religiones». Sea el Infierno un dato de la religión natural o solamente de la religión revelada, lo cierto es que ningún otro asunto de la teología es para mí de igual fascinación y poder. No me refiero a la mitología simplicísima de conventillo –estiércol, asadores, fuego y tenazas– que ha ido vegetando a su pie y que todos los escritores han repetido, con deshonra de su imaginación y de su decencia[1]. Hablo

1. Sin embargo, el *amateur* de infiernos hará bien en no descuidar estas infracciones honrosas: el infierno sabiano, cuyos cuatro ves-

de la estricta noción –*lugar de castigo eterno para
los malos*– que constituye el dogma sin otra obligación que la de ubicarlo *in loco reali,* en un lugar
preciso, y *a beatorum sede distincto,* diverso del
que habitan los elegidos. Imaginar lo contrario,
sería siniestro. En el capítulo quincuagésimo de
su Historia, Gibbon quiere restarle maravilla al
Infierno y escribe que los dos vulgarísimos in-
gredientes de fuego y de oscuridad bastan para
crear una sensación de dolor, que puede ser
agravada infinitamente por la idea de una perduración sin fin. Ese reparo descontentadizo prueba tal vez que la preparación de infiernos es fácil,
pero no mitiga el espanto admirable de su invención. El atributo de eternidad es el horroroso. El de
continuidad –el hecho de que la divina persecución carece de intervalos, de que en el Infierno no
hay sueño– lo es más aún, pero es de imaginación
imposible. La eternidad de la pena es lo disputado.
   Dos argumentos importantes y hermosos hay
para invalidar esa eternidad. El más antiguo es el

tíbulos superpuestos admiten hilos de agua sucia en el piso, pero
cuyo recinto principal es dilatado, polvoriento, sin nadie; el infierno de Swedenborg, cuya lobreguez no perciben los condenados
que han rechazado el cielo; el infierno de Bernard Shaw *(Man and
Superman,* págs. 86-137), que distrae vanamente su eternidad con
los artificios del lujo, del arte, de la erótica y del renombre.

(I) de la inmortalidad condicional o aniquilación. La inmortalidad, arguye ese comprensivo razonamiento, no es atributo de la naturaleza humana caída, es don de Dios en Cristo. No puede ser movilizada, por consiguiente, contra el mismo individuo a quien se le otorga. No es una maldición, es un don. Quien la merece la merece con cielo; quien se prueba indigno de recibirla, *muere para morir,* como escribe Bunyan, muere sin resto. El infierno, según esa piadosa teoría, es el hombre humano blasfematorio del olvido de Dios. Uno de sus propagadores fue Whately, el autor de ese opúsculo de famosa recordación: *Dudas históricas sobre Napoleón Bonaparte.*

(II) Especulación más curiosa es la presentada por el teólogo evangélico Rothe, en 1869. Su argumento –ennoblecido también por la secreta misericordia de negar el castigo infinito de los condenados– observa que eternizar el castigo es eternizar el Mal. Dios, afirma, no puede querer *esa* eternidad para Su universo. Insiste en el escándalo de suponer que el hombre pecador y el diablo burlen para siempre las benévolas intenciones de Dios. (La teología sabe que la creación del mundo es obra de amor. El término *predestinación,* para ella, se refiere a la predestinación a la gloria; la reprobación es meramente el reverso, es una no elección traducible en pena infernal, pero que no constituye un acto especial de la bondad divina.) Aboga, en fin, por una vida decreciente, menguante, para los réprobos. Los antevé, merodeando por las orillas de la Creación, por los huecos del infinito espacio, manteniéndose con sobras de vida. Concluye así: «Como los demonios están alejados incondicionalmente de Dios y le son incondicionalmente enemigos, su actividad es contra el reino de Dios, y los organiza en reino diabólico, que debe naturalmente elegir un jefe. La cabeza de ese gobierno demoníaco –el Diablo– debe ser imaginada como cambiante. Los individuos que asumen el trono de ese reino sucumben a la fantasmidad de su ser, pero se renuevan entre la descendencia diabólica» (*Dogmatik*, I, 248).

Arribo a la parte más inverosímil de mi tarea: las razones elaboradas por la humanidad a favor de la eternidad del infierno. Las resumiré en orden creciente de significación. La primera es de índole disciplinaria: postula que la temibilidad del castigo radica precisamente en su eternidad y que ponerla en duda es invalidar la eficacia del dogma y hacerle el juego al Diablo. Es argumento de orden policial, y no creo merezca refutación. El segundo se escribe así: «La pena debe ser infinita porque la culpa lo es, por atentar contra la majestad del Señor, que es Ser infinito.» Se ha observado que esta demostración prueba tanto que se puede colegir que no prueba nada: prueba que no hay culpa venial, que son imperdonables todas las culpas. Yo agregaría que es un caso perfecto de frivolidad escolástica y que su engaño es la pluralidad de sentidos de la voz *infinito,* que aplicada al Señor quiere decir *incondicionado,* y a pena quiere decir *incesante,* y a culpa nada que yo sepa entender. Además, argüir que es infinita una falta por ser atentatoria de Dios que es Ser infinito, es como argüir que es santa porque Dios lo es, o como pensar que las injurias inferidas a un tigre han de ser rayadas.

Ahora se levanta sobre mí el tercero de los argumentos, el único. Se escribe así, tal vez: «Hay eternidad de cielo y de infierno porque la dignidad del libre albedrío así lo precisa; o tenemos la facultad de obrar para siempre o es una delusión este yo.» La virtud de ese razonamiento no es lógica, es mucho más: es enteramente dramática. Nos impone un juego terrible, nos concede el atroz derecho de perdernos, de insistir en el mal, de rechazar las operaciones de la gracia, de ser alimento del fuego que no se acaba, de hacer fracasar a Dios en nuestro destino, del cuerpo sin claridad en lo eterno y del *detestabile cum caco-daemonibus consortium*. Tu destino es cosa de veras, nos dice, condenación eterna y salvación eterna están en tu minuto; esa responsabilidad es tu honor. Es sentimiento parecido al de Bunyan: «Dios no jugó al convencerme, el demonio no jugó al tentarme, ni jugué yo al hundirme como en un abismo sin fondo, cuando las aflicciones del infierno se apoderaron de mí; tampoco debo jugar ahora al contarlas» (Grace Abounding to the Chief of Sinners, the Preface.)

Yo creo que en el impensable destino nuestro, en que rigen infamias como el dolor carnal, toda estrafalaria cosa es posible, hasta la perpetuidad de un Infierno, pero también que es una irreligiosidad creer en él.

POSDATA. En esta página de mera noticia puedo comunicar también la de un sueño. Soñé que salía de otro –populoso de cataclismos y de tumultos– y que me despertaba en una pieza irreconocible. Clareaba: una detenida luz general definía el pie de la cama de fierro, la silla estricta, la puerta y la ventana cerradas, la mesa en blanco. Pensé con miedo *¿dónde estoy?* y comprendí que no lo sabía. Pensé *¿quién soy?* y no me pude reconocer. El miedo creció en mí. Pensé: *Esta vigilia descon-solada ya es el Infierno, esta vigilia sin destino será mi eternidad.* Entonces desperté de veras: tem-blando.

Las versiones homéricas

Ningún problema tan consustancial con las letras y con su modesto misterio como el que propone una traducción. Un olvido animado por la vanidad, el temor de confesar procesos mentales que adivinamos peligrosamente comunes, el conato de mantener intacta y central una reserva incalculable de sombra, velan las tales escrituras directas. La traducción, en cambio, parece destinada a ilustrar la discusión estética. El modelo propuesto a su imitación es un texto visible, no un laberinto inestimable de proyectos pretéritos o la acatada tentación momentánea de una facilidad. Bertrand Russell define un objeto externo como un sistema circular, irradiante, de impresiones posibles; lo mismo puede aseverarse

de un texto, dadas las repercusiones incalcula-
bles de lo verbal. Un parcial y precioso documento de las vicisitudes que sufre queda en sus
traducciones. ¿Qué son las muchas de la *Ilíada*
de Chapman a Magnien sino diversas perspecti-
vas de un hecho móvil, sino un largo sorteo expe-
rimental de omisiones y de énfasis? (No hay
esencial necesidad de cambiar de idioma, ese deliberado juego de la atención no es imposible
dentro de una misma literatura.) Presuponer que
toda recombinación de elementos es obligatoriamente inferior a su original, es presuponer que el
borrador 9 es obligatoriamente inferior al borrador H –ya que no puede haber sino borradores.
El concepto de *texto definitivo* no corresponde
sino a la religión o al cansancio.

La superstición de la inferioridad de las traducciones –amonedada en el consabido adagio
italiano– procede de una distraída experiencia.
No hay un buen texto que no parezca invariable y
definitivo si lo practicamos un número suficiente de veces. Hume identificó la idea habitual de
causalidad con la de sucesión. Así un buen film,
visto una segunda vez, parece aún mejor; propendemos a tomar por necesidades las que no
son más que repeticiones. Con los libros famosos, la primera vez ya es segunda, puesto que los

abordamos sabiéndolos. La precavida frase común de *releer a los clásicos* resulta de inocente veracidad. Ya no sé si el informe: «En un lugar de la Mancha, de cuyo nombre no quiero acordarme, no ha mucho tiempo que vivía un hidalgo de los de lanza en astillero, adarga antigua, rocín flaco y galgo corredor», es bueno para una divinidad imparcial; sé únicamente que toda modificación es sacrílega y que no puedo concebir otra iniciación del *Quijote*. Cervantes, creo, prescindió de esa leve superstición, y tal vez no hubiera identificado ese párrafo. Yo, en cambio, no podré sino repudiar cualquier divergencia. El *Quijote,* debido a mi ejercicio congénito del español, es un monumento uniforme, sin otras variaciones que las deparadas por el editor, el encuadernador y el cajista; la *Odisea,* gracias a mi oportuno desconocimiento del griego, es una librería internacional de obras en prosa y verso, desde los pareados de Chapman hasta la *Authorized Version* de Andrew Lang o el drama clásico francés de Bérard o la *saga* vigorosa de Morris o la irónica novela burguesa de Samuel Butler. Abundo en la mención de nombres ingleses, porque las letras de Inglaterra siempre intimaron con esa epopeya del mar, y la serie de sus versiones de la *Odisea* bastaría para ilustrar su curso de siglos. Esa riqueza hete-

rogénea y hasta contradictoria no es principalmente imputable a la evolución del inglés o a la
mera longitud del original o a los desvíos o diversa capacidad de los traductores, sino a esta
circunstancia, que debe ser privativa de Homero: la dificultad categórica de saber lo que pertenece al poeta y lo que pertenece al lenguaje. A
esa dificultad feliz debemos la posibilidad de
tantas versiones, todas sinceras, genuinas y di-
vergentes.

No conozco ejemplo mejor que el de los adjetivos homéricos. El divino Patroclo, la tierra sus-
tentadora, el vinoso mar, los caballos solípedos,
las mojadas olas, la negra nave, la negra sangre,
las queridas rodillas, son expresiones que recu-
rren, conmovedoramente a destiempo. En un lugar se habla de los *ricos varones que beben el agua
negra del Esepo;* en otro, de un rey trágico, que
*desdichado en Tebas la deliciosa, gobernó a los
cadmeos, por determinación fatal de los dioses.*
Alexander Pope (cuya traducción fastuosa de
Homero interrogaremos después) creyó que
esos epítetos inamovibles eran de carácter litúrgi-
co. Remy de Gourmont, en su largo ensayo sobre
el estilo, escribe que debieron ser encantadores
alguna vez, aunque ya no lo sean. Yo he preferido
sospechar que esos fieles epítetos eran lo que to-

davía son las preposiciones: obligatorios y modestos sonidos que el uso añade a ciertas palabras y sobre los que no se puede ejercer originalidad. Sabemos que lo correcto es construir *andar a pie*, no *por pie*. El rapsoda sabía que lo correcto era adjetivar *divino Patroclo*. En caso alguno, habría un propósito estético. Doy sin entusiasmo estas conjeturas; lo único cierto es la imposibilidad de apartar lo que pertenece al escritor de lo que pertenece al lenguaje. Cuando leemos en Agustín Moreto (si nos resolvemos a leer a Agustín Moreto):

> *Pues en casa tan compuestas*
> *¿Qué hacen todo el santo día?*

sabemos que la santidad de ese día es ocurrencia del idioma español y no del escritor. De Homero, en cambio, ignoramos infinitamente los énfasis.

Para un poeta lírico o elegíaco, esa nuestra inseguridad de sus intenciones hubiera sido aniquiladora, no así para un expositor puntual de vastos argumentos. Los hechos de la *Ilíada* y la *Odisea* sobreviven con plenitud, pero han desaparecido Aquiles y Ulises, lo que Homero se representaba al nombrarlos, y lo que en realidad pensó de ellos. El estado presente de sus obras es parecido al de una complicada ecuación que registra relaciones precisas entre cantidades incógnitas. Nada de mayor posible riqueza para los que traducen. El libro más famoso de Browning consta de diez informaciones detalladas de un solo crimen, según los implicados en él. Todo el contraste deriva de los caracteres, no de los hechos, y es casi tan intenso y tan abismal como el de diez versiones justas de Homero.

La hermosa discusión Newman-Arnold (1861-62), más importante que sus dos interlocutores, razonó extensamente las dos maneras básicas de traducir. Newman vindicó en ella el modo literal, la retención de todas las singularidades verbales; Arnold, la severa eliminación de los detalles que distraen o detienen, la subordinación del siempre irregular Homero de cada línea al Homero esencial o convencional, hecho de llaneza sintáctica, de llaneza de ideas, de rapidez que fluye, de altura. Esta conducta puede suministrar los agrados de la uniformidad y la gravedad; aquélla, de los continuos y pequeños asombros.

Paso a considerar algunos destinos de un solo texto homérico. Interrogo los hechos comunicados por Ulises al espectro de Aquiles, en la ciudad

de los cimerios, en la noche incesante *(Odisea,* XI).
Se trata de Neoptolemo, el hijo de Aquiles. La
versión literal de Buckley es así: «Pero cuando
hubimos saqueado la alta ciudad de Príamo, te-
niendo su porción y premio excelente, incólume
se embarcó en una nave, ni maltrecho por el
bronce filoso ni herido al combatir cuerpo a
cuerpo, como es tan común en la guerra; porque
Marte confusamente delira.» La de los también
literales pero arcaizantes Butcher y Lang: «Pero la
escarpada ciudad de Príamo una vez saqueada, se
embarcó ileso con su parte del despojo y con un
noble premio; no fue destruido por las lanzas
agudas ni tuvo heridas en el apretado combate: y
muchos tales riesgos hay en la guerra, porque
Ares se enloquece confusamente.» La de Cowper, de 1791: «Al fin, luego que saqueamos la le-
vantada villa de Príamo, cargado de abundantes
despojos seguro se embarcó, ni de lanza o vena-
blo en nada ofendido, ni en la refriega por el filo
de los alfanjes, como en la guerra suele acontecer,
donde son repartidas las heridas promiscua-
mente, según la voluntad del fogoso Marte.» La
que en 1725 dirigió Pope: «Cuando los dioses
coronaron de conquista las armas, cuando los
soberbios muros de Troya humearon por tierra,
Grecia, para recompensar las gallardas fatigas de

su soldado, colmó su armada de incontables despojos. Así, grande de gloria, volvió seguro del estruendo marcial, sin una cicatriz hostil, y aunque las lanzas arreciaron en torno en tormentas de hierro, su vano juego fue inocente de heridas.» La de George Chapman, de 1614: «Despoblada Troya la alta, ascendió a su hermoso navío, con grande acopio de presa y de tesoro, seguro y sin llevar ni un rastro de lanza que se arroja de lejos o de apretada espada, cuyas heridas son favores que concede la guerra, que él (aunque solicitado) no halló. En las apretadas batallas, Marte no suele contender: se enloquece.» La de Butler, que es de 1900: «Una vez ocupada la ciudad, él pudo cobrar y embarcar su parte de los beneficios habidos, que era una fuerte suma. Salió sin un rasguño de toda esa peligrosa campaña. Ya se sabe: todo está en tener suerte.»

Las dos versiones del principio –las literales– pueden conmover por una variedad de motivos: la mención reverencial del saqueo, la ingenua aclaración de que uno suele lastimarse en la guerra, la súbita juntura de los infinitos desórdenes de la batalla en un solo dios, el hecho de la locura en el dios. Otros agrados subalternos obran también: en uno de los textos que copio, el buen pleonasmo de *embarcarse en un barco;* en otro, el uso de la conjunción copulativa por la causal[1], en *y muchos tales riesgos hay en la guerra*. La tercera versión –la de Cowper– es la más inocua de todas: es literal hasta donde los deberes del acento miltónico lo permiten. La de Pope es extraordinaria. Su lujoso dialecto (como el de Góngora) se deja definir por el empleo desconsiderado y me-

[1] Otro hábito de Homero es el buen abuso de las conjunciones adversativas. Doy unos ejemplos:

«Muere, pero yo recibiré mi destino donde le plazca a Zeus, y a los otros dioses inmortales.» *Ilíada*, XXII.

«Astíoque, hija de Actor: una modesta virgen cuando ascendió a la parte superior de la morada de su padre, pero el dios la abrazó secretamente.» *Ilíada*, II.

«(Los mirmidones) eran como lobos carnívoros, en cuyos corazones hay fuerza, que habiendo derribado en las montañas un gran ciervo ramado, desgarrándolo lo devoran; pero los hocicos de todos están colorados de sangre.» *Ilíada*, XVI.

«Rey Zeus, dodoneo, pelasgo, que presides lejos de aquí sobre la inverniza Dodona; pero habitan alrededor tus ministros, que tienen los pies sin lavar y duermen en el suelo.» *Ilíada*, XVI.

«Mujer, regocíjate en nuestro amor, y cuando el año vuelva darás hijos gloriosos a luz –porque los lechos de los inmortales no son en vano–, pero tú cuídalos. Vete ahora a tu casa y no lo descubras, pero soy Poseidón, estremecedor de la tierra.» *Odisea*, XI.

«Luego percibí el vigor de Hércules, una imagen; pero él entre los dioses inmortales se alegra con banquetes, y tiene

cánico de los superlativos. Por ejemplo: la solitaria nave negra del héroe se le multiplica en escua-
dra. Siempre subordinadas a esa amplificación
general, todas las líneas de su texto caen en dos
grandes clases: unas, en lo puramente oratorio:
«Cuando los dioses coronaron de conquista las
armas», otras, en lo visual: «Cuando los soberbios muros de Troya humearon por tierra». Dis-
cursos y espectáculos: ése es Pope. También es
espectacular el ardiente Chapman, pero su movimiento es lírico, no oratorio. Butler, en cambio,
demuestra su determinación de eludir todas las
oportunidades visuales y de resolver el texto de
Homero en una serie de noticias tranquilas.

   ¿Cuál de esas muchas traducciones es fiel?,
querrá saber tal vez el lector. Repito que ninguna

a Hebe la de hermosos tobillos, niña del poderoso Zeus y de
Hera, la de sandalias que son de oro.» *Odisea*, XI.
   Agrego la vistosa traducción que hizo de este último pa-
saje George Chapman:

> Down with these was thrust
> The idol of the force of Hercules,
> But his firm self did no such fate oppress.
> He feasting lives amongst th'Immortal Slaves
> White-ankled Hebe and himself made mates
> In heav'nly nuptials. Hebe, Jove's dear race
> And Juno's whom the golden sandals grace.

o que todas. Si la fidelidad tiene que ser a las imaginaciones de Homero, a los irrecuperables
hombres y días que él se representó, ninguna
puede serlo para nosotros: todas, para un griego
del siglo x. Si a los propósitos que tuvo, cualquiera de las muchas que trascribí, salvo las literales,
que sacan toda su virtud del contraste con hábitos presentes. No es imposible que la versión cal-
mosa de Butler sea la más fiel.

1932

La perpetua carrera de Aquiles y la tortuga

Las implicaciones de la palabra *joya* –valiosa pequeñez, delicadeza que no está sujeta a la fragilidad, facilidad suma de traslación, limpidez que no excluye lo impenetrable, flor para los años– la hacen de uso legítimo aquí. No sé de mejor calificación para la paradoja de Aquiles, tan indiferente a las decisivas refutaciones que desde más de veintitrés siglos la derogan, que ya podemos saludarla inmortal. Las reiteradas visitas del misterio que esa perduración postula, las finas ignorancias a que fue invitada por ella la humanidad, son generosidades que no podemos no agradecerle. Vivámosla otra vez, siquiera para convencernos de perplejidad y de arcano íntimo. Pienso dedicar unas páginas –unos compartidos minutos– a su presentación y a la de sus correctivos más afamados. Es sabido que su inventor fue Zenón de Elea, discípulo de Parménides, negador de que pudiera suceder algo en el universo.

La biblioteca me facilita un par de versiones de la paradoja gloriosa. La primera es la del hispanísimo *Diccionario hispano-americano,* en su volumen vigésimo tercero, y se reduce a esta cautelosa noticia: «El movimiento no existe: Aquiles no podría alcanzar a la perezosa tortuga.» Declino esa reserva y busco la menos apurada exposición de G. H. Lewes, cuya *Biographical History of Philosophy* fue la primera lectura especulativa que yo abordé, no sé si vanidosa o curiosamente. Escribo de esta manera su exposición: Aquiles, símbolo de rapidez, tiene que alcanzar la tortuga, símbolo de morosidad. Aquiles corre diez veces más ligero que la tortuga y le da diez metros de ventaja. Aquiles corre esos diez metros, la tortuga corre uno; Aquiles corre ese metro, la tortuga corre un decímetro; Aquiles corre ese decímetro, la tortuga corre un centímetro; Aquiles corre ese centímetro, la tortuga corre un milímetro; Aquiles el milímetro, la tortuga un décimo de milímetro, y así infinitamente, de modo que Aquiles puede correr para siempre sin alcanzarla. Así la paradoja inmortal.

Paso a las llamadas refutaciones. Las de mayores años –la de Aristóteles y la de Hobbes– están implícitas en la formulada por Stuart Mill. El problema, para él, no es más que uno de tantos ejemplos de la falacia de confusión. Cree, con esta distinción, abrogarlo:

En la conclusión del sofisma, *para siempre* quiere decir cualquier imaginable lapso de tiempo; en las premisas, cualquier número de subdivisiones de tiempo. Significa que podemos dividir diez unidades por diez, y el cociente otra vez por diez, cuantas veces queramos, y que no encuentran fin las subdivisiones del recorrido, ni por consiguiente las del tiempo en que se realiza. Pero un ilimitado número de subdivisiones puede efectuarse con lo que es limitado. El argumento no prueba otra infinitud de duración que la contenible en cinco minutos. Mientras los cinco minutos no hayan pasado, lo que falta puede ser dividido por diez, y otra vez por diez, cuantas veces se nos antoje, lo cual es compatible con el hecho de que la duración total sea cinco minutos. Prueba, en resumen, que atravesar ese espacio finito requiere un tiempo infinitamente divisible, pero no infinito (Mill, *Sistema de lógica*, libro v, capítulo vii).

No anteveo el parecer del lector, pero estoy sintiendo que la proyectada refutación de Stuart

Mill no es otra cosa que una exposición de la paradoja. Basta fijar la velocidad de Aquiles a un segundo por metro, para establecer el tiempo que necesita.

$$10 + 1 + \frac{1}{10} + \frac{1}{100} + \frac{1}{1.000} + \frac{1}{10.000} \ldots$$

El límite de la suma de esta infinita progresión geométrica es doce (más exactamente once y un quinto; más exactamente, once con tres veinticincoavos), pero no es alcanzado nunca. Es decir, el trayecto del héroe será infinito y éste correrá para siempre, pero su derrotero se extenuará antes de doce metros, y su eternidad no verá la terminación de doce segundos. Esa disolución metódica, esa ilimitada caída en precipicios cada vez más minúsculos, no es realmente hostil al problema: es imaginárselo bien. No olvidemos tampoco de atestiguar que los corredores decrecen, no sólo por la disminución visual de la perspectiva, sino por la disminución admirable a que los obliga la ocupación de sitios microscópicos. Realicemos también que esos precipicios eslabonados corrompen el espacio y con mayor vértigo el tiempo vivo, en su doble desesperada persecución de la inmovilidad y del éxtasis.

Otra voluntad de refutación fue la comunicada en 1910 por Henri Bergson, en el notorio *Ensayo sobre los datos inmediatos de la conciencia:* nombre que comienza por ser una petición de principio. Aquí está su página:

«Por una parte, atribuimos al movimiento la divisibilidad misma del espacio que recorre, olvidando que puede dividirse bien un objeto, pero no un acto; por otra, nos habituamos a proyectar este acto mismo en el espacio, a aplicarlo a la línea que recorre el móvil, a solidificarlo, en una palabra. De esta confusión entre el movimiento y el espacio recorrido nacen, en nuestra opinión, los sofismas de la escuela de Elea; porque el intervalo que separa dos puntos es infinitamente divisible, y si el movimiento se compusiera de partes como las del intervalo, jamás el intervalo sería franqueado. Pero la verdad es que cada uno de los pasos de Aquiles es un indivisible acto simple, y que después de un número dado de estos actos, Aquiles hubiera adelantado a la tortuga. La ilusión de los eleatas provenía de la identificación de esta serie de actos individuales *sui generis,* con el espacio homogéneo que los apoya. Como este espacio puede ser dividido y recompuesto según una ley cualquiera, se creyeron autorizados a rehacer el movimiento total de Aquiles, no ya con pasos de Aquiles, sino con pasos de tortuga. A Aquiles persiguiendo una tortuga sustituyeron, en realidad, dos tortugas regladas la una sobre la otra, dos tortugas de acuerdo en dar la misma clase de pasos o de actos simultáneos, para no alcanzarse jamás. ¿Por qué Aquiles adelanta a la tortuga? Porque cada uno de los pasos de Aquiles y cada uno de los pasos de la tortuga son indivisibles en tanto que movimientos, y magnitudes distintas en tanto que espacio: de suerte que no tardará en darse la suma, para el espacio recorrido por Aquiles, como una longitud superior a la suma del espacio recorrido por la tortuga y de la ventaja que tenía respecto de él. Es lo que no tiene en cuenta Zenón cuando recompone el movimiento de Aquiles, según la misma ley que el movimiento de la tortuga, olvidando que sólo el espacio se presta a un modo de composición y descomposición arbitrarias, y confundiéndolo así con el movimiento» *(Datos inmediatos,* versión española de Barnés, págs. 89, 90. Corrijo, de paso, alguna distracción evidente del traductor). El argumento es concesivo. Bergson admite que es infinitamente divisible el espacio, pero niega que lo sea el tiempo. Exhibe dos tortugas en lugar de una para distraer al lector. Acollara un tiempo y un espacio que son incompatibles: el brusco tiempo discontinuo de James, con su *perfecta efervescencia de novedad,* y el espacio divisible hasta lo infinito de la creencia común.

Arribo, por eliminación, a la única refutación que conozco, a la única de inspiración condigna del original, virtud que la estética de la inteligencia está reclamando. Es la formulada por Russell. La encontré en la obra nobilísima de William James, *Some Problems of Philosophy,* y la concepción total que postula puede estudiarse en los libros ulteriores de su inventor –*Introduction to Mathematical Philosophy,* 1919; *Our Knowledge of the External World,* 1926–, libros de una lucidez inhumana, insatisfactorios e intensos. Para Russell, la operación de contar es (intrínsecamente) la de equiparar dos series. Por ejemplo, si los primogénitos de todas las casas de Egipto fueron muertos por el Ángel, salvo los que habitaban en casa que tenía en la puerta una señal roja, es evidente que tantos se salvaron como señales rojas había, sin que esto importe enumerar cuántos fueron. Aquí es indefinida la cantidad; otras operaciones hay en que es infinita también. La serie natural de los números es infinita, pero podemos demostrar que son tantos los impares como los pares.

Al 1 corresponde el 2
» 3   »   » 4
» 5   »   » 6, etcétera.

La prueba es tan irreprochable como baladí, pero no difiere de la siguiente de que hay tantos múltiplos de 3.018 como números hay.

Al 1 corresponde el   3.018
» 2   »   »   6.036
» 3   »   »   9.054
» 5   »   » 12.072, etcétera.

Lo mismo puede afirmarse de sus potencias, por más que éstas se vayan rarificando a medida que progresemos.

Al 1 corresponde el   3.018
» 2   »   » 3.018^2, el 9.108.324
» 3..., etcétera.

Una genial aceptación de estos hechos ha inspirado la fórmula de que una colección infinita –verbigracia, la serie de los números natura-les– es una colección cuyos miembros pueden desdoblarse a su vez en series infinitas. La parte, en esas elevadas latitudes de la numeración, no es menos copiosa que el todo: la cantidad precisa de

puntos que hay en el universo es la que hay en un
metro de universo, o en un decímetro, o en la
más honda trayectoria estelar. El problema de
Aquiles cabe dentro de esa heroica respuesta.
Cada sitio ocupado por la tortuga guarda proporción con otro de Aquiles, y la minuciosa correspondencia, punto por punto, de ambas series
simétricas, basta para publicarlas iguales. No
queda ningún remanente periódico de la ventaja
inicial dada a la tortuga: el punto final en su trayecto, el último en el trayecto de Aquiles y el último en el tiempo de la carrera, son términos que
matemáticamente coinciden. Tal es la solución
de Russell. James, sin recusar la superioridad técnica del contrario, prefiere disentir. Las declara-
ciones de Russell (escribe) eluden la verdadera
dificultad, que atañe a la categoría *creciente* del
infinito, no a la categoría *estable*, que es la única
tenida en cuenta por él, cuando presupone que la
carrera ha sido corrida y que el problema es el de
equilibrar los trayectos. Por otra parte, no se precisan dos: el de cada cual de los corredores o el
mero lapso del tiempo vacío, implica la dificultad, que es la de alcanzar una meta cuando un
previo intervalo sigue presentándose vuelta a
vuelta y obstruyendo el camino (*Some Problems
of Philosophy*, 1911, pág. 181).

He arribado al final de mi noticia, no de nuestra cavilación. La paradoja de Zenón de Elea, según indicó James, es atentatoria no solamente a la realidad del espacio, sino a la más vulnerable y fina del tiempo. Agrego que la existencia en un cuerpo físico, la permanencia inmóvil, la fluencia de una tarde en la vida, se alarman de aventura por ella. Esa descomposición es mediante la sola palabra *infinito,* palabra (y después concepto) de zozobra que hemos engendrado con temeridad y que una vez consentida en un pensamiento, estalla y lo mata. (Hay otros escarmientos antiguos contra el comercio de tan alevosa palabra: hay la leyenda china del cetro de los reyes de Liang, que era disminuido en una mitad por cada nuevo rey; el cetro, mutilado por dinastías, persiste aún.) Mi opinión, después de las calificadísimas que he presentado, corre el doble riesgo de parecer impertinente y trivial. La formularé, sin embargo: Zenón es incontestable, salvo que confesemos la idealidad del espacio y del tiempo. Aceptemos el idealismo, aceptemos el crecimiento concreto de lo percibido, y eludiremos la pululación de abismos de la paradoja.

¿Tocar a nuestro concepto del universo, por ese pedacito de tiniebla griega?, interrogará mi lector.

Nota sobre Walt Whitman

El ejercicio de las letras puede promover la ambición de construir un libro absoluto, un libro de los libros que incluya a todos como un arquetipo platónico, un objeto cuya virtud no aminoren los años. Quienes alimentaron esa ambición eligieron elevados asuntos: Apolonio de Rodas, la primer nave que atravesó los riesgos del mar; Lucano, la contienda de César y de Pompeyo, cuando las águilas guerrearon contra las águilas; Camoens, las armas lusitanas en el Oriente; Donne, el círculo de las transmigraciones de un alma, según el dogma pitagórico; Milton, la más antigua de las culpas y el Paraíso; Firdusí, los tronos de los sasánidas. Góngora, creo, fue el primero en juzgar que un libro importante puede prescindir de un tema importante; la vaga historia que refieren las *Soledades* es deliberadamente baladí, según lo señalaron y reprobaron Cascales y Gracián *(Cartas filológicas,* VIII; *El Criticón,* II, 4). A Mallarmé no le bastaron temas triviales; los buscó negativos: la ausencia de una flor o de una mujer, la blancura de la hoja de papel antes del poema. Como Pater, sintió que todas las artes propenden a la música, el arte en que la forma es el fondo; su decorosa profesión de fe *Tout aboutit à un livre* parece compendiar la sentencia homérica de que los dioses tejen desdichas para que a las futuras generaciones no les falte algo que cantar *(Odisea,* VIII, *in fine).* Yeats, hacia el año 1900, buscó lo absoluto en el manejo de símbolos que despertaran la memoria genérica, o gran Memoria, que late bajo las mentes individuales; cabría comparar esos símbolos de los ulteriores arquetipos de Jung. Barbusse, en *L'enfer,* libro olvidado con injusticia, evitó (trató de evitar) las limitaciones del tiempo mediante el relato poético de los actos fundamentales del hombre; Joyce, en *Finnegans Wake,* mediante la simultánea presentación de rasgos de épocas distintas. El deliberado manejo de anacronismos, para forjar una apariencia de eternidad, también ha sido practicado por Pound y por T. S. Eliot.

He recordado algunos procedimientos; ninguno más curioso que el ejercido, en 1855, por
Whitman. Antes de considerarlo, quiero trans-
cribir unas opiniones que más o menos prefiguran lo que diré. La primera es la del poeta inglés
Lascelles Abercrombie. «Whitman –leemos– ex-
trajo de su noble experiencia esa figura vívida y
personal que es una de las pocas cosas grandes de
la literatura moderna: la figura de él mismo.» La
segunda es de Sir Edmund Gosse. «No hay un
Walt Whitman verdadero... Whitman es la literatura en estado de protoplasma: un organismo intelectual tan sencillo que se limita a reflejar a
cuantos se aproximan a él.» La tercera es mía[1].
«Casi todo lo escrito sobre Whitman está falsea-
do por dos interminables errores. Uno es la su-
maria identificación de Whitman, hombre de letras, con Whitman, héroe semidivino de *Leaves
of Grass* como don Quijote lo es del *Quijote;* otro,
la insensata adopción del estilo y vocabulario de
sus poemas, vale decir, del mismo sorprendente
fenómeno que se quiere explicar.»

Imaginemos que una biografía de Ulises (ba-
sada en testimonios de Agamenón, de Laertes,
de Polifemo, de Calipso, de Penélope, de Teléma-

---

1. En esta edición, pág. 66

co, del porquero, de Escila y Caribdis) indicara
que éste nunca salió de Ítaca. La decepción que
nos causaría este libro, felizmente hipotético, es
la que causan todas las biografías de Whitman.
Pasar del orbe paradisíaco de sus versos a la insí-
pida crónica de sus días es una transición melancólica. Paradójicamente, esa melancolía inevitable se agrava cuando el biógrafo quiere disimular
que hay dos Whitmans: el «amistoso y elocuente salvaje» de *Leaves of Grass* y el pobre literato
que lo inventó[2]. Éste jamás estuvo en California
o en Platte Canyon; aquél improvisa un apóstro-
fe en el segundo de esos lugares («Spirit that for-
med this scene») y ha sido minero en el otro
(«Starting from Paumanok», 1). Éste, en 1859,
estaba en Nueva York; aquél, el 2 de diciembre de
ese año, asistió en Virginia a la ejecución del viejo abolicionista John Brown («Year of Meteors»).
Esté nació en Long Island; aquél también («Starting from Paumanok»), pero asimismo en uno
de los Estados del Sur («Longings for Home»).
Éste fue casto, reservado y más bien taciturno;
aquél efusivo y orgiástico. Multiplicar esas dis-
cordias es fácil; más importante es comprender

2. Reconocen muy bien esa diferencia Henry Seidel Canby (Walt
Whitman, 1943) y Mark van Doren en la antología de la Viking
Press (1945). Nadie más, que yo sepa.

que el mero vagabundo feliz que proponen los versos de *Leaves of Grass* hubiera sido incapaz de escribirlos.

Byron y Baudelaire dramatizaron, en ilustres volúmenes, sus desdichas: Whitman, su felicidad. (Treinta años después, en Sils-Maria, Nietzsche descubriría a Zarathustra; ese pedagogo es feliz, o, en todo caso, recomienda la felicidad, pero tiene el defecto de no existir.) Otros héroes románticos –Vathek es el primero de la serie, Edmond Teste no es el último– prolijamente acentúan sus diferencias; Whitman, con impetuosa humildad, quiere parecerse a todos los hombres. *Leaves of Grass* advierte «es el canto de un gran individuo colectivo, popular, varón o mujer» *(Complete Writings,* v, 192). O, inmortalmente («Song of Myself», 17):

Éstos son en verdad los pensamientos de todos los
      hombres en todos los lugares y épocas; no son
      originales míos.
Si son menos tuyos que míos, son nada o casi nada.
Si no son el enigma y la solución del enigma, son
      nada.
Si no están cerca y lejos, son nada.

Éste es el pasto que crece donde hay tierra y hay agua,
Éste es el aire común que baña el planeta.

El panteísmo ha divulgado un tipo de frases en las que se declara que Dios es diversas cosas contradictorias o (mejor aún) misceláneas. Su propósito es éste: «El rito soy, la ofrenda soy, la libación de manteca soy, el fuego soy» (Bhagavadgita, XI, 16). Anterior, pero ambigua, es el fragmento 67 de Heráclito: «Dios es día y noche, invierno y verano, guerra y paz, hartura y hambre». Plotino describe a sus alumnos un cielo inconcebible, en el que «todo está en todas partes, cualquier cosa es todas las cosas, el sol es todas las estrellas, y cada estrella es todas las estrellas y el sol» (*Enneadas,* V, 8,4). Attar, persa del siglo XII, canta la dura peregrinación de los pájaros en busca de su rey, el Simurg; muchos perecen en los mares, pero los sobrevivientes descubren que ellos son el Simurg y que el Simurg es cada uno de ellos y todos. Las posibilidades retóricas de esa extensión del principio de identidad parecen infinitas. Emerson, lector de los hindúes y de Attar, deja el poema «Brahma»; de los dieciséis versos que lo componen, quizá el más memorable es éste: «When me they fly, I am the wings» (Si huyen de mí yo soy las alas). Análogo, pero de voz más elemental, es «Ich bin der Eine und bin Beide», de Stefan George (*Der Stern des Bundes*). Walt Whitman renovó ese procedimiento. No lo

ejerció, como otros, para definir la divinidad o
para jugar con las «simpatías y diferencias» de las
palabras; quiso identificarse, en una suerte de
ternura feroz, con todos los hombres. Dijo
(«Crossing Brooklyn Ferry», 7):

He sido terco, vanidoso, ávido, superficial, astuto,
    cobarde, maligno;
El lobo, la serpiente y el cerdo no faltaban en mí...

    También *(Song of Myself,* 33):

Yo soy el hombre. Yo sufrí. Ahí estaba.
El desdén y la tranquilidad de los mártires;
La madre, sentenciada por bruja, quemada ante los
    hijos, con leña seca;
El esclavo acosado que vacila, se apoya contra el
    cerco, jadeante, cubierto de sudor;
Las puntadas que le atraviesan las piernas y el
pescuezo, las crueles municiones y balas;
Todo eso lo siento, lo soy.

    Todo eso lo sintió y lo fue Whitman, pero
fundamentalmente fue –no en la mera historia,
en el mito– lo que denotan estos dos versos *(Song
of Myself,* 24):

Walt Whitman, un cosmos, hijo de Manhattan,
Turbulento, carnal, sensual, comiendo, bebiendo,
    engendrando.

También fue el que sería en el porvenir, en nuestra venidera nostalgia, creada por estas profecías que la anuncian *(Full of life, now)*:

Lleno de vida, hoy, compacto, visible,
Yo, de cuarenta años de edad el año ochenta y tres de
   los Estados,
A ti, dentro de un siglo o de muchos siglos,
A ti, que no has nacido, te busco.
Estás leyéndome. Ahora el invisible soy yo,
Ahora eres tú, compacto, visible, el que intuye los
   versos y el que me busca,
Pensando lo feliz que sería si yo pudiera ser tu
compañero.
Sé feliz como si yo estuviera contigo. (No tengas
   demasiada seguridad de que no estoy contigo.)

   O *(Songs of Parting,* 4,5):

¡Camarada! Éste no es un libro;
El que me toca, toca a un hombre.
(¿Es de noche? ¿Estamos solos aquí?...)
Te quiero, me despojo de esta envoltura.
Soy como algo incorpóreo, triunfante, muerto[3].

3. Es intrincado el mecanismo de estos apóstrofes. Nos emociona que al poeta le emocionara prever nuestra emoción. Cf. estas líneas de Flecker, dirigidas al poeta que lo leerá, después de mil años:

Walt Whitman, hombre, fue director del *Brooklyn Eagle*, y leyó sus ideas fundamentales en las páginas de Emerson, de Hegel y de Volney; Walt Whitman, personaje poético, las edujo del contacto de América, ilustrado por experiencias imaginarias en las alcobas de New Orleans y en los campos de batalla de Georgia. Ese procedimiento, bien visto, no importa falsedad. Un hecho falso puede ser esencialmente cierto. Es fama que Enrique I de Inglaterra no volvió a sonreír después de la muerte de su hijo; el hecho, quizá falso, puede ser verdadero como símbolo del abatimiento del rey. Se dijo, en 1914, que los alemanes habían torturado y mutilado a unos rehenes belgas; la especie, a no dudarlo, era falsa, pero compendiaba útilmente los infinitos y confusos horrores de la invasión. Aún más perdonable es el caso de quienes atribuyen una doctrina a experiencias vitales y no a tal biblioteca o a tal epítome. Nietzsche, en 1874, se burló de la tesis pitagórica de que la historia se repite cíclicamente *(Vom Nutzen und Nachtheil der Historie*, 2); en 1881, en un sendero de los bosques de Silvaplana,

O friend unseen, unborn, unknown,
Student of our sweet English tongue
Read out my words at night, alone:
I was a poet, I was young.

concibió de pronto esa tesis *(Ecce homo,* 9). Lo tosco, lo bajamente policial, es hablar de plagio; Nietzsche, interrogado, replicaría que lo importante es la transformación que una idea puede obrar en nosotros, no el mero hecho de razonarla[4]. Una cosa es la abstracta proposición de la unidad divina; otra, la ráfaga que arrancó del desierto a unos pastores árabes y los impulsó a una batalla que no ha cesado y cuyos límites fueron la Aquitania y el Ganges. Whitman se propuso exhibir un demócrata ideal, no formular una teoría.

Desde que Horacio, con imagen platónica o pitagórica, predijo su celeste metamorfosis, es clásico en las letras el tema de la inmortalidad del poeta. Quienes lo frecuentaron, lo hicieron en función de la vanagloria *(Not marble, not the gilded monuments),* cuando no del soborno y de la venganza; Whitman deriva de su manejo una relación personal con cada futuro lector. Se confunde con él y dialoga con el otro, con Whitman «Salut au monde», 3):

¿Qué oyes, Walt Whitman?

---

4. Tanto difieren la razón y la convicción que las más graves objeciones a cualquier doctrina filosófica suelen preexistir en la obra

Así se desdobló en el Whitman eterno, en ese amigo que es un viejo poeta americano de mil ochocientos y tantos y también su leyenda y también cada uno de nosotros y también la felicidad. Vasta y casi inhumana fue la tarea, pero no fue menor la victoria.

que la proclama. Platón, en el *Parménides,* anticipa el argumento del tercer hombre que le pondrá Aristóteles, Berkeley *(Dialogues,* 3), las refutaciones de Hume.

Avatares de la tortuga

Hay un concepto que es el corruptor y el desatinador de los otros. No hablo del Mal cuyo limitado imperio es la ética; hablo del infinito. Yo anhelé compilar alguna vez su móvil historia. La numerosa Hidra (monstruo palustre que viene a ser una prefiguración o un emblema de las progresiones geométricas) daría conveniente horror a su pórtico; la coronarían las sórdidas pesadillas de Kafka y sus capítulos centrales no desconocerían las conjeturas de ese remoto cardenal alemán —Nicolás de Krebs, Nicolás de Cusa— que en la circunferencia vio un polígono de un número infinito de ángulos y dejó escrito que una línea infinita sería una recta, sería un triángulo, sería un círculo y sería una esfera (*De docta igno-*

rantia, I, 13). Cinco, siete años de aprendizaje metafísico, teológico, matemático, me capacitarían (tal vez) para planear decorosamente ese libro. Inútil agregar que la vida me prohíbe esa esperanza, y aun ese adverbio.

A esa ilusoria *Biografía del infinito* pertenecen de alguna manera estas páginas. Su propósito es registrar ciertos avatares de la segunda paradoja de Zenón.

Recordemos, ahora, esa paradoja.

Aquiles corre diez veces más ligero que la tortuga y le da una ventaja de diez metros. Aquiles corre esos diez metros, la tortuga corre uno; Aquiles corre ese metro; la tortuga corre un centímetro; Aquiles corre ese centímetro, la tortuga un milímetro; Aquiles Piesligeros el milímetro, la tortuga un décimo de milímetro y así infinitamente, sin alcanzarla... Tal es la versión habitual. Wilhelm Capelle (*Die Vorsokratiker,* 1935, pág. 178) traduce el texto original de Aristóteles: «El segundo argumento de Zenón es el llamado Aquiles. Razona que el más lento no será alcanzado por el más veloz, pues el perseguidor tiene que pasar por el sitio que el perseguido acaba de evacuar, de suerte que el más lento siempre le lleva una determinada ventaja. El problema no cambia, como se ve; pero me gustaría conocer el nombre del poeta que lo dotó de un héroe y de una tortuga. A esos competidores mágicos y a la serie.»

$$10 + 1 + \frac{1}{10} + \frac{1}{100} + \frac{1}{1.000} + \frac{1}{10.000} \ldots$$

debe el argumento su difusión. Casi nadie recuerda el que lo antecede –el de la pista–, aunque su mecanismo es idéntico. El movimiento es imposible (arguye Zenón) pues el móvil debe atravesar el medio para llegar al fin, y antes el medio del medio, y antes el medio del medio, del medio y antes...[1].

Debemos a la pluma de Aristóteles la comunicación y la primera refutación de esos argumentos. Los refuta con una brevedad quizá desdeñosa, pero su recuerdo le inspira el famoso *argumento del tercer hombre* contra la doctrina platónica. Esa doctrina quiere demostrar que dos individuos que tienen atributos comunes (por ejemplo dos hombres) son meras apariencias temporales de un arquetipo eterno. Aristóteles interroga si los muchos hombres y el Hombre

1. Un siglo después el sofista chino Hui Tzu razonó que un bastón al que cercenan la mitad cada día, es interminable (H. A. Giles: *Chuang Tzu*, 1889, pág. 453).

–los individuos temporales y el Arquetipo– tienen atributos comunes. Es notorio que sí; tienen los atributos generales de la humanidad. En ese caso, afirma Aristóteles, habrá que postular *otro* arquetipo que los abarque a todos y después un cuarto... Patricio de Azcárate, en una nota de su traducción de la *Metafísica,* atribuye a un discípulo de Aristóteles esta presentación: «Si lo que se afirma de muchas cosas a la vez es un ser aparte, distinto de las cosas de que se afirma (y esto es lo que pretenden los platonianos), es preciso que haya un tercer *hombre.* Es una denominación que se aplica a los individuos y a la idea. Hay, pues, un tercer hombre distinto de los hombres particulares y de la idea. Hay al mismo tiempo un cuarto que estará en la misma relación con éste y con la idea de los hombres particulares; después un quinto y así hasta el infinito.» Postulemos dos individuos, *a* y *b,* que integran el género *c.* Tendremos entonces:

$$a + b = c$$

Pero también, según Aristóteles:

$$a + b + c = d$$
$$a + b + c + d = e$$
$$a + b + c + d + e = f...$$

En rigor no se requieren dos individuos: bastan el individuo y el género para determinar el *tercer hombre* que denuncia Aristóteles. Zenón de Elea recurre a la infinita regresión contra el movimiento y el número; su refutador, contra las formas universales[2].

El próximo avatar de Zenón que mis desordenadas notas registran es Agripa, el escéptico. Este niega que algo pueda probarse, pues toda prueba requiere una prueba anterior *(Hypotypo-*

---

2. En el *Parménides* –cuyo carácter zenoniano es irrecusable– Platón discurre un argumento muy parecido para demostrar que el uno es realmente muchos. Si el uno existe, participa del ser; por consiguiente, hay dos partes en él, que son el ser y el uno, pero cada una de esas partes es una y es, de modo que encierra otras dos, que encierran también otras dos: infinitamente. Russell *(Introduction to Mathematical Philosophy,* 1919, pág. 138) sustituye a la progresión geométrica de Platón una progresión aritmética. Si el uno existe, el uno participa del ser; pero como son diferentes el ser y el uno, existe el dos; pero como son diferentes el ser y el dos, existe el tres, etc. Chuang Tzu (Waley: *Three Ways of Thought in Ancient China,* pág. 25) recurre al mismo interminable *regressus* contra los monistas que declaraban que las Diez Mil Cosas (el Universo) son una sola. Por lo pronto –arguye– la unidad cósmica y la declaración de esa unidad ya son dos cosas: esas dos y la declaración de su dualidad ya son tres; esas tres y la declaración de su trinidad ya son cuatro... Russell opina que la vaguedad del término *ser* basta para invalidar el razonamiento. Agrega que los números no existen, que son meras ficciones lógicas.

ses, I, 166). Sexto Empírico, arguye parejamente que las definiciones son vanas, pues habría que definir cada una de las voces que se usan y, luego, definir la definición. *(Hypotyposes,* II, 207). Mil seiscientos años después, Byron, en la dedicatoria de *Don Juan,* escribirá de Coleridge: «*I wish he would explain His Explanation*».

Hasta aquí, el *regressus in infinitum* ha servido para negar; Santo Tomás de Aquino recurre a él *(Suma Teológica,* 1, 2, 3) para afirmar que hay Dios. Advierte que no hay cosa en el universo que no tenga una causa eficiente y que esa causa, claro está, es el efecto de otra causa anterior. El mundo es un interminable encadenamiento de causas y cada causa es un efecto. Cada estado proviene del anterior y determina el subsiguiente, pero la serie general pudo no haber sido, pues los términos que la forman son condicionales, es decir, aleatorios. Sin embargo, el mundo es; de ellos podemos inferir una no contingente causa primera que será la divinidad. Tal es la prueba cosmológica; la prefiguran Aristóteles y Platón; Leibniz la redescubre[3].

Hermann Lotze apela al *regressus* para no

3. Un eco de esa prueba, ahora muerta, retumba en el primer verso del *Paradiso: La gloria di Colviche tutto move.*

comprender que una alteración del objeto A pueda producir una alteración del objeto B. Razona que si A y B son independientes, postular un influjo de A sobre B es postular un tercer elemento C, un elemento que para operar sobre B requerirá un cuarto elemento D, que no podrá operar sin E, que no podrá operar sin F... Para eludir esa multiplicación de quimeras, resuelve que en el mundo hay un solo objeto: una infinita y absoluta sustancia equiparable al Dios de Spinoza. Las causas transitivas se reducen a causas inmanentes; los hechos, a manifestaciones o modos de la sustancia cósmica[4].

Análogo, pero todavía más alarmante, es el caso de F. H. Bradley. Este razonador (*Appearence and Reality*, 1897, págs. 19-34) no se limita a combatir la relación causal; niega todas las relaciones. Pregunta si una relación está relacionada con sus términos. Le responden que sí e infiere que ello es admitir la existencia de otras dos relaciones, y luego de otras dos. En el axioma *la parte es menor que el todo* no percibe dos términos y la relación *menor que*; percibe tres (*parte, menor que, todo*) cuya vinculación implica otras dos re-

4. Sigo la exposición de James (*A Pluralistic Universe*, 1909, págs. 55-60). Cf. Wentscher: *Fechner und Lotze*, 1924, pags. 166-171.

laciones, y así hasta lo infinito. En el juicio *Juan es mortal,* percibe tres conceptos inconjugables (el tercero es la cópula) que no acabaremos de unir. Transforma todos los conceptos en objetos incomunicados, durísimos. Refutarlo es contaminarse de irrealidad.

Lotze interpone los abismos periódicos de Zenón entre la causa y el efecto; Bradley, entre el sujeto y el predicado, cuando no entre el sujeto y los atributos; Lewis Carroll *(Mind,* vol. cuarto, pág. 278) entre la segunda premisa del silogismo y la conclusión. Refiere un diálogo sin fin, cuyos interlocutores son Aquiles y la tortuga. Alcanzado ya el término de su interminable carrera, los dos atletas conversan apaciblemente de geometría. Estudian este claro razonamiento:

a) Dos cosas iguales a una tercera son iguales entre sí.

b) Los dos lados de este triángulo son iguales a MN.

z) Los dos lados de este triángulo son iguales entre sí.

La tortuga acepta las premisas a y b, pero niega que justifiquen la conclusión. Logra que Aquiles interpole una proposición hipotética.

a) Dos cosas iguales a una tercera son iguales entre sí.

b) Los dos lados de este triángulo son iguales a MN.

c) Si a y b son válidas, z es válida.

z) Los dos lados de este triángulo son iguales entre sí.

Hecha esa breve aclaración, la tortuga acepta la validez de a, b y c, pero no de z. Aquiles, indignado, interpola:

d) Si a, b y c son válidas, z es válida.

Carroll observa que la paradoja del griego comporta una infinita serie de distancias que disminuyen y que en la propuesta por él crecen las distancias.

Un ejemplo final, quizá el más elegante de todos, pero también el que menos difiere de Zenón. William James (*Some Problems of Philosophy*, 1911, pág. 182) niega que puedan transcurrir catorce minutos, porque antes es obligatorio que hayan pasado siete, y antes de siete, tres minutos y medio, y antes de tres y medio, un minuto y tres cuartos, y así hasta el fin, hasta el invisible fin, por tenues laberintos de tiempo.

Descartes, Hobbes, Leibniz, Mill, Renouvier, Georg Cantor, Gomperz, Russell y Bergson han formulado explicaciones –no siempre inexplicables y vanas– de la paradoja de la tortuga. (Yo he registrado algunas.) Abundan asimismo, como ha verificado el lector, sus aplicaciones. Las históricas no la agotan: el vertiginoso *regressus in infinitum* es caso aplicable a todos los temas. A la estética: tal verso nos conmueve por tal motivo, tal motivo por tal otro motivo... Al problema del conocimiento: conocer es reconocer, pero es preciso haber conocido para reconocer, pero conocer es reconocer... ¿Cómo juzgar esa dialéctica? ¿Es un legítimo instrumento de indagación o apenas una mala costumbre?

Es aventurado pensar que una coordinación de palabras (otra cosa no son las filosofías) pueda parecerse mucho al universo. También es aventurado pensar que de esas coordinaciones ilustres, alguna –siquiera de modo infinitesimal– no se parezca un poco más que otras. He examinado las que gozan de cierto crédito; me atrevo a asegurar que sólo en la que formuló Schopenhauer he reconocido algún rasgo del universo. Según esa doctrina, el mundo es una fábrica de la voluntad. El arte –siempre– requiere irrealidades visibles. Básteme citar una: la dicción metafórica

o numerosa o cuidadosamente casual de los interlocutores de un drama... Admitamos lo que
todos los idealistas admiten: el carácter alucinatorio del mundo. Hagamos lo que ningún idealis-
ta ha hecho: busquemos irrealidades que confir-
men ese carácter. Las hallaremos, creo, en las an-
tinomias de Kant y en la dialéctica de Zenón.

«El mayor hechicero –escribe memorable-
mente Novalis– sería el que hechizara hasta el
punto de tomar sus propias fantasmagorías por
apariciones autónomas. ¿No sería ése nuestro
caso?» Yo conjeturo que así es. Nosotros (la indi-
visa divinidad que opera en nosotros) hemos soñado el mundo. Lo hemos soñado resistente,
misterioso, visible, ubicuo en el espacio y firme
en el tiempo; pero hemos consentido en su arquitectura tenues y eternos intersticios de sinra-
zón para saber que es falso.

Vindicación de «Bouvard et Pécuchet»

La historia de Bouvard y de Pécuchet es engañosamente simple. Dos copistas (cuya edad, como la de Alonso Quijano, frisa con los cincuenta años) traban una estrecha amistad: una herencia les permite dejar su empleo y fijarse en el campo; ahí ensayan la agronomía, la jardinería, la fabricación de conservas, la anatomía, la arqueología, la historia, la mnemónica, la literatura, la hidroterapia, el espiritismo, la gimnasia, la pedadogía, la veterinaria, la filosofía y la religión; cada una de esas disciplinas heterogéneas les depara un fracaso; al cabo de veinte o treinta años, desencantados (ya veremos que la «acción» no ocurre en el tiempo sino en la eternidad), encargan al carpintero un doble pupitre y se ponen a copiar, como antes[1].

Seis años de su vida, los últimos, dedicó Flaubert a la consideración y a la ejecución de ese libro, que al fin quedó inconcluso, y que Gosse, tan devoto de *Madame Bovary*, juzgaría una aberración, y Rémy de Gourmont, la obra capital de la literatura francesa, y casi de la literatura.

Emile Faguet («el grisáceo Faguet» lo llamó alguna vez Gerchunoff) publicó en 1899 una monografía, que tiene la virtud de agotar los argumentos contra *Bouvard et Pécuchet*, lo cual es una comodidad para el examen crítico de la obra. Flaubert, según Faguet, soñó una epopeya de la idiotez humana y superfluamente le dio (movido por recuerdos de Pangloss y Candide y, tal vez, de Sancho y Quijote) *dos* protagonistas que no se complementan y no se oponen y cuya dualidad no pasa de ser un artificio verbal. Creados o postulados esos fantoches, Flaubert les hace leer una biblioteca, *para que no la entiendan.* Faguet denuncia lo pueril de este juego, y lo peligroso, ya que Flaubert, para idear las reacciones de sus dos imbéciles, leyó mil quinientos tra-

1. Creo percibir una referencia irónica al propio destino de Flaubert.

tados de agronomía, pedagogía, medicina, física, metafísica, etc., con el propósito de no comprenderlos. Observa Faguet: «Si uno se obstina en leer desde el punto de vista de un hombre que lee sin entender, en muy poco tiempo se logra no entender absolutamente nada y ser obtuso por cuenta propia». El hecho es que cinco años de convivencia fueron transformando a Flaubert en Pécuchet y Bouvard o (más precisamente) a Pécuchet y Bouvard en Flaubert. Aquéllos, al principio, son dos idiotas, menospreciados y vejados por el autor, pero en el octavo capítulo ocurren las famosas palabras: «Entonces una facultad lamentable surgió en su espíritu, la de ver la estupidez y no poder, ya, tolerarla». Y después: «Los entristecían cosas insignificantes: los avisos de los periódicos, el perfil de un burgués, una tontería oída al azar». Flaubert, en este punto, se reconcilia con Bouvard y con Pécuchet, Dios con sus criaturas. Ello sucede acaso en toda obra extensa, o simplemente viva (Sócrates llega a ser Platón; Peer Gynt a ser Ibsen), pero aquí sorprendemos el instante en que el soñador, para decirlo con una metáfora afín, nota que está soñándose y que las formas de su sueño son él.

La primera edición de *Bouvard et Pécuchet* es de marzo de 1881. En abril, Henry Céard ensayó esta definición: «una especie de Fausto en dos personas». En la edición de la Pléiade, Dumesnil confirma: «Las primeras palabras del monólogo de Fausto, al comienzo de la primera parte, son todo el plan de *Bouvard et Pécuchet*». Esas palabras en que Fausto deplora haber estudiado en vano filosofía, jurisprudencia, medicina y ¡ay! teología. Faguet, por lo demás, ya había escrito: «*Bouvard et Pécuchet* es la historia de un Fausto que fuera también un idiota». Retengamos este epigrama, en el que de algún modo se cifra toda la intrincada polémica.

Flaubert declaró que uno de sus propósitos era la revisión de todas las ideas modernas; sus detractores argumentan que el hecho de que la revisión esté a cargo de dos imbéciles basta, en buena ley, para invalidarla. Inferir de los percances de estos payasos la vanidad de las religiones, de las ciencias y de las artes, no es otra cosa que un sofisma insolente o que una falacia grosera. Los fracasos de Pécuchet no comportan un fracaso de Newton.

Para rechazar esta conclusión, lo habitual es negar la premisa. Digeon y Dumesnil invocan, así, un pasaje de Maupassant, confidente y discípulo de Flaubert, en el que se lee que Bouvard y Pécuchet son «dos espíritus bastante lúcidos,

mediocres y sencillos». Dumesnil subraya el epíteto «lúcidos», pero el testimonio de Maupassant
–o del propio Flaubert, si se consiguiera– nunca
será tan convincente como el texto mismo de la
obra, que parece imponer la palabra «imbéciles».

La justificación de *Bouvard et Pécuchet*, me
atrevo a sugerir, es de orden estético y poco o
nada tiene que ver con las cuatro figuras y los
diecinueve modos del silogismo. Una cosa es el
rigor lógico y otra la tradición ya casi instintiva
de poner las palabras fundamentales en boca de
los simples y de los locos. Recordemos la reverencia que el Islam tributa a los idiotas, porque se
entiende que sus almas han sido arrebatadas al
cielo; recordemos aquellos lugares de la Escritura
en que se lee que Dios escogió lo necio del mundo para avergonzar a los sabios. O, si los ejemplos
concretos son preferibles, pensemos en *Manalive*
de Chesterton, que es una visible montaña de
simplicidad y un abismo de divina sabiduría, o
en aquel Juan Escoto, que razonó que el mejor
nombre de Dios es *Nihilum* (Nada) y que «él
mismo no sabe qué es, porque no es un qué...». El
emperador Moctezuma dijo que los bufones en-
señan más que los sabios, porque se atreven a decir la verdad; Flaubert (que, al fin y al cabo, no
elaboraba una demostración rigurosa, una *Des-*

tructio Philosophorum, sino una sátira) pudo muy bien haber tomado la precaución de confiar sus últimas dudas y sus más secretos temores a dos irresponsables.

Una justificación más profunda cabe entrever. Flaubert era devoto de Spencer; en los *First Principles* del maestro se lee que el universo es inconocible, por la suficiente y clara razón de que explicar un hecho es referirlo a otro más general y de que ese proceso no tiene fin[2] nos conduce a una verdad ya tan general que no podemos referirla a otra alguna; es decir, explicarla. La ciencia es una esfera finita que crece en el espacio infinito; cada nueva expansión le hace comprender una zona mayor de lo desconocido, pero lo desconocido es inagotable. Escribe Flaubert: «Aún no sabemos casi nada y querríamos adivinar esa última palabra que no nos será revelada nunca. El frenesí de llegar a una conclusión es la más funesta y estéril de las manías.» El arte opera necesariamente con símbolos; la mayor esfera es un punto en el infinito; dos absurdos copistas pueden representar a Flaubert y también a Schopenhauer o a Newton.

2. Agripa el Escéptico argumentó que toda prueba exige a su vez una prueba, y así hasta lo infinito.

Taine repitió a Flaubert que el sujeto de su novela exigía una pluma del siglo XVIII, la concisión
y la mordacidad *(le mordant)* de un Jonathan
Swift. Acaso habló de Swift, porque sintió de algún modo la afinidad de los dos grandes y tristes
escritores. Ambos odiaron con ferocidad minuciosa la estupidez humana; ambos documenta-
ron ese odio, compilando a lo largo de los años
frases triviales y opiniones idiotas; ambos quisie-
ron abatir las ambiciones de la ciencia. En la tercera parte de *Gulliver,* Swift describe una venera-
da y vasta academia, cuyos individuos proponen
que la humanidad prescinda del lenguaje oral
para no gastar los pulmones. Otros ablandan el
mármol para la fabricación de almohadas y de
almohadillas; otros aspiran a propagar una variedad de ovejas sin lana; otros crcen resolver los
enigmas del universo mediante una armazón de
madera con manijas de hierro, que combina palabras al azar. Esta invención va contra el *Arte
magna* de Lulio...

René Descharmes ha examinado, y reprobado,
la cronología de *Bouvard et Pécuchet.* La acción
requiere unos cuarenta años; los protagonistas
tienen sesenta y ocho cuando se entregan a la
gimnasia, el mismo año en que Pécuchet descubre el amor. En un libro tan poblado de circuns-

tancias, el tiempo, sin embargo, está inmóvil: fuera de los ensayos y fracasos de los dos Faustos (o del Fausto bicéfalo) nada ocurre; faltan las vicisitudes comunes y la fatalidad y el azar. «Las comparsas del desenlace son las del preámbulo; nadie viaja, nadie se muere», observa Claude Digeon. En otra página concluye: «La honestidad intelectual de Flaubert le hizo una terrible jugada: lo llevó a recargar su cuento filosófico, a conservar su pluma de novelista para escribirlo».

Las negligencias o desdenes o libertades del último Flaubert han desconcertado a los críticos; yo creo ver en ellas un símbolo. El hombre que con *Madame Bovary* forjó la novela realista fue también el primero en romperla. Chesterton, apenas ayer, escribía: «La novela bien puede morir con nosotros.» El instinto de Flaubert presintió esa muerte, que ya está aconteciendo –¿no es el *Ulises,* con sus planos y horarios y precisiones, la espléndida agonía de un género?–, y en el quinto capítulo de la obra condenó las novelas «estadísticas o etnográficas» de Balzac y, por extensión, las de Zola. Por eso, el tiempo de *Bouvard et Pécuchet* se inclina a la eternidad; por eso, los protagonistas no mueren y seguirán copiando, cerca de Caen, su anacrónico *Sottisier,* tan ignorantes de 1914 como de 1870; por eso, la obra

mira, hacia atrás, a las parábolas de Voltaire y de
Swift y de los orientales y, hacia adelante, a las de
Kafka.

Hay, tal vez, otra clave. Para escarnecer los an-
helos de la humanidad, Swift los atribuyó a pig-
meos o a simios; Flaubert, a dos sujetos grotes-
cos. Evidentemente, si la historia universal es la
historia de Bouvard y de Pécuchet, todo lo que la
integra es ridículo y deleznable.

Flaubert y su destino ejemplar

En un artículo destinado a abolir o a desanimar el culto de Flaubert en Inglaterra, John Middleton Murry observa que hay dos Flaubert: uno, un hombrón huesudo, querible, más bien sencillo, con el aire y la risa de un paisano, que vivió agonizando sobre la cultura intensiva de media docena de volúmenes desparejos; otro, un gigante incorpóreo, un símbolo, un grito de guerra, una bandera. Declaro no entender esta oposición; el Flaubert que agonizó para producir una obra avara y preciosa es, exactamente, el de la leyenda y (si los cuatro volúmenes de su correspondencia no nos engañan) también el de la historia. Más importante que la importante literatura premeditada y realizada por él es este Flaubert, que fue el primer Adán de una especie nueva: la del hombre de letras como sacerdote, como asceta y casi como mártir.

La antigüedad, por razones que ya veremos, no pudo producir este tipo. En el *Ion* se lee que el poeta «es una cosa liviana, alada y sagrada, que nada puede componer hasta estar inspirado, que es como si dijéramos loco». Semejante doctrina del espíritu que sopla donde quiere (Juan, 3: 8) era hostil a una valoración personal del poeta, rebajado a instrumento momentáneo de la divinidad. En las ciudades griegas o en Roma es inconcebible un Flaubert; quizá el hombre que más se le aproximó fue Píndaro, el poeta sacerdotal, que comparó sus odas a caminos pavimentados, a una marea, a tallas de oro y marfil y a edificios, y que sentía y encarnaba la dignidad de la profesión de las letras.

A la doctrina «romántica» de la inspiración que los clásicos profesaron[1], cabe agregar un hecho: el sentimiento general de que Homero ya había agotado la poesía o, en todo caso, había descubierto la forma cabal de la poesía, el poema heroico. Alejandro de Macedonia ponía todas las

---

1. Su reverso es la doctrina «clásica» del romántico Poe, que hace de la labor del poeta un ejercicio intelectual.

noches bajo la almohada su puñal y su *Ilíada,* y
Thomas de Quincey refiere que un pastor inglés
juró desde el púlpito «por la grandeza de los pa-
decimientos humanos, por la grandeza de las as-
piraciones humanas, por la inmortalidad de las
creaciones humanas, ¡por la *Ilíada,* por la *Odisea!*». El enojo de Aquiles y los rigores de la vuelta de Ulises no son temas universales; en esa limitación, la posteridad fundó una esperanza.
Imponer a otras fábulas, invocación por invocación, batalla por batalla, máquina sobrenatural
por máquina sobrenatural, el curso y la configuración de la *Ilíada,* fue el máximo propósito de
los poetas, durante veinte siglos. Burlarse de él es
muy fácil, pero no de la *Eneida,* que fue su consecuencia dichosa. (Lemprière discretamente incluye a Virgilio entre los beneficios de Homero.)
En el siglo XIV, Petrarca, devoto de la gloria ro-
mana, creyó haber descubierto en las guerras
púnicas la durable materia de la epopeya; Tasso,
en el XVI, optó por la primera cruzada. Dos
obras, o dos versiones de una obra, le dedicó;
una es famosa, la *Gerusalemme liberata;* otra, la
Conquistata, que quiere ajustarse más a la *Ilíada,*
es apenas una curiosidad literaria. En ella se ate-
núan los énfasis del texto original, operación
que, ejecutada sobre una obra esencialmente en-

fática, puede equivaler a su destrucción. Así, en la *Liberata* (VIII, 23), leemos de un hombre malherido y valiente que no se acaba de morir:

La vita no, ma la virtù sostenta quel cadavere indomito e feroce

En la revisión, hipérbole y eficacia desaparecen:

La vita no, ma la virtù sostenta il cavaliere indomito e feroce.

Milton, después, vive para construir un poema heroico. Desde la niñez, acaso antes de haber escrito una línea, se sabe dedicado a las letras. Teme haber nacido demasiado tarde para la épica (demasiado lejos de Homero, demasiado lejos de Adán) y en una latitud demasiado fría, pero se ejercita en el arte de versificar, durante muchos años. Estudia el hebreo, el arameo, el italiano, el francés, el griego y, naturalmente, el latín. Compone hexámetros latinos y griegos y endecasílabos toscanos. Es continente, porque siente que la incontinencia puede gastar su facultad poética. Escribe, a los treinta y tres años, que el poeta debe ser un poema, «es decir, una composición y arquetipo de las cosas mejores» y que nadie in-

digno de alabanza debe atreverse a celebrar
«hombres heroicos o ciudades famosas». Sabe
que un libro que los hombres no dejarán morir
saldrá de su pluma, pero el sujeto no le ha sido
aún revelado y lo busca en la *Matière de Bretagne*
y en los dos Testamentos. En un papel casual
(que hoy es el Manuscrito de Cambridge) anota
un centenar de temas posibles. Elige, al fin, la caída de los ángeles y del hombre, tema histórico en
aquel siglo, aunque ahora lo juzguemos simbólico y mitológico[2].

Milton, Tasso y Virgilio se consagraron a la
ejecución de poemas; Flaubert fue el primero en
consagrarse (doy su rigor etimológico a esta palabra) a la creación de una obra puramente estética *en prosa*. En la historia de las literaturas, la
prosa es posterior al verso; esta paradoja incitó la
ambición de Flaubert. «La prosa ha nacido ayer»,
escribió. «El verso es por excelencia la forma de

2. Sigamos las variaciones de un rasgo homérico, a lo largo del
tiempo. Helena de Troya, en la *Ilíada*, teje un tapiz y lo que teje son
batallas y desventuras de la guerra de Troya. En la *Eneida*, el héroe,
prófugo de la guerra de Troya, arriba a Cartago y ve figuradas en
un templo escenas de esa guerra y, entre tantas imágenes de gue-
rreros, también la suya. En la segunda «Jerusalén», Godofredo re-
cibe a los embajadores egipcios en un pabellón historiado cuyas
pinturas representan sus propias guerras. De las tres versiones, la
última es la menos feliz.

las literaturas antiguas. Las combinaciones de la
métrica se han agotado; no así las de la prosa.» Y
en otro lugar: «La novela espera a su Homero».

El poema de Milton abarca el cielo, el infierno,
el mundo y el caos, pero es todavía una Ilíada,
una Ilíada del tamaño del universo; Flaubert, en
cambio, no quiso repetir o superar un modelo
anterior. Pensó que cada cosa sólo puede decirse
de un modo y que es obligación del escritor dar
con ese modo. Clásicos y románticos discutían
atronadoramente y Flaubert dijo que sus fracasos
podían diferir, pero que sus aciertos eran iguales,
porque lo bello siempre es lo preciso, lo justo, y
un buen verso de Boileau es un buen verso de
Hugo. Creyó en una armonía preestablecida de lo
eufónico y de lo exacto y se maravilló de la «relación necesaria entre la palabra justa y la palabra
musical». Esta superstición del lenguaje habría
hecho tramar a otro escritor un pequeño dialecto de malas costumbres sintácticas y prosódicas;
no así a Flaubert, cuya decencia fundamental lo
salvó de los riesgos de su doctrina. Con larga
probidad persiguió el *mot juste,* que por cierto
no excluye el lugar común y que degeneraría,
después, en el vanidoso *mot rare* de los cenáculos
simbolistas.

La historia cuenta que el famoso Laotsé quiso

vivir secretamente y no tener nombre; pareja voluntad de ser ignorado y pareja celebridad marcan el destino de Flaubert. Éste quería no estar en sus libros, o apenas quería estar de un modo invisible, como Dios en sus obras; el hecho es que si no supiéramos previamente que una misma pluma escribió *Salammbô* y *Madame Bovary* no lo adivinaríamos. No menos innegable es que pensar en la obra de Flaubert es pensar en Flaubert, en el ansioso y laborioso trabajador de las muchas consultas y de los borradores inextricables. Quijote y Sancho son más reales que el soldado español que los inventó, pero ninguna criatura de Flaubert es real como Flaubert. Quienes dicen que su obra capital es la *Correspondencia* pueden argüir que en esos varoniles volúmenes está el rostro de su destino.

Ese destino sigue siendo ejemplar, como lo fue para los románticos el de Byron. A la imitación de la técnica de Flaubert debemos *The Old Wives' Tale* y *O primo Basilio;* su destino se ha repetido, con misteriosas magnificaciones y variaciones, en el de Mallarmé (cuyo epigrama *El propósito del mundo es un libro* fija una convicción de Flaubert), en el de Moore, en el de Henry James y en el del intrincado y casi infinito irlandés que tejió el *Ulises.*

El escritor argentino y la tradición[1]

Quiero formular y justificar algunas proposiciones escépticas sobre el problema del escritor argentino y la tradición. Mi escepticismo no se refiere a la dificultad o imposibilidad de resolverlo, sino a la existencia misma del problema. Creo que nos enfrenta un tema retórico, apto para desarrollos patéticos; más que de una verdadera dificultad mental entiendo que se trata de una apariencia, de un simulacro, de un seudoproblema.

Antes de examinarlo, quiero considerar los planteos y soluciones más corrientes. Empezaré por una solución que se ha hecho casi instintiva,

1. Versión taquigráfica de una clase dictada en el Colegio Libre de Estudios Superiores.

que se presenta sin colaboración de razonamientos; la que afirma que la tradición literaria argentina ya existe en la poesía gauchesca. Según ella, el léxico, los procedimientos, los temas de la poesía gauchesca deben ilustrar al escritor contemporáneo, y son un punto de partida y quizá un arquetipo. Es la solución más común y por eso pienso demorarme en su examen.

Ha sido propuesta por Lugones en *El payador;* ahí se lee que los argentinos poseemos un poema clásico, el *Martín Fierro,* y que ese poema debe ser para nosotros lo que los poemas homéricos fueron para los griegos. Parece difícil contradecir esta opinión, sin menoscabo del *Martín Fierro.* Creo que el *Martín Fierro* es la obra más perdurable que hemos escrito los argentinos; y creo con la misma intensidad que no podemos suponer que el *Martín Fierro* es, como algunas veces se ha dicho, nuestra Biblia, nuestro libro canónico.

Ricardo Rojas, que también ha recomendado la canonización del *Martín Fierro,* tiene una página, en su *Historia de la literatura argentina,* que parece casi un lugar común y que es una astucia.

Rojas estudia la poesía de los gauchescos, es decir, la poesía de Hidalgo, Ascasubi, Estanislao del Campo y José Hernández, y la deriva de la poesía de los payadores, de la espontánea poesía de los gauchos. Hace notar que el metro de la poesía popular es el octosílabo y que los autores de la poesía gauchesca manejan ese metro, y acaba por considerar la poesía de los gauchescos como una continuación o magnificación de la poesía de los payadores.

Sospecho que hay un grave error en esta afirmación; podríamos decir un hábil error, porque se ve que Rojas, para dar raíz popular a la poesía de los gauchescos, que empieza en Hidalgo y culmina en Hernández, la presenta como una continuación o derivación de la de los gauchos, y así, Bartolomé Hidalgo es, no el Homero de esta poesía, como dijo Mitre, sino un eslabón.

Ricardo Rojas hace de Hidalgo un payador; sin embargo, según la misma *Historia de la literatura argentina,* este supuesto payador empezó componiendo versos endecasílabos, metro naturalmente vedado a los payadores, que no percibían su armonía, como no percibieron la armonía del endecasílabo los lectores españoles cuando Garcilaso lo importó de Italia.

Entiendo que hay una diferencia fundamental entre la poesía de los gauchos y la poesía gauchesca. Basta comparar cualquier colección de poesías populares con el *Martín Fierro,* con el *Paulino Lucero,* con el *Fausto,* para advertir esa diferencia, que está no menos en el léxico que en el propósito de los poetas. Los poetas populares del campo y del suburbio versifican temas generales: las penas del amor y de la ausencia, el dolor del amor, y lo hacen en un léxico muy general también; en cambio, los poetas gauchescos cultivan un lenguaje deliberadamente popular, que los poetas populares no ensayan. No quiero decir que el idioma de los poetas populares sea un español correcto, quiero decir que si hay incorrecciones son obra de la ignorancia. En cambio, en los poetas gauchescos hay una busca de las palabras nativas, una profusión de color local. La prueba es ésta: un colombiano, un mejicano o un español pueden comprender inmediatamente las poesías de los payadores, de los gauchos, y en cambio necesitan un glosario para comprender, siquiera aproximadamente, a Estanislao del Campo o Ascasubi.

Todo esto puede resumirse así: la poesía gauchesca, que ha producido –me apresuro a repetirlo– obras admirables, es un género literario tan artificial como cualquier otro. En las primeras composiciones gauchescas, en las trovas de Bartolomé Hidalgo, ya hay un propósito de presentarlas en función del gaucho, como dichas por gauchos, para que el lector las lea con una ento-

nación gauchesca. Nada más lejos de la poesía
popular. El pueblo –y esto yo lo he observado no
sólo en los payadores de la campaña, sino en los
de las orillas de Buenos Aires–, cuando versifica,
tiene la convicción de ejecutar algo importante, y
rehuye instintivamente las voces populares y
busca voces y giros altisonantes. Es probable que
ahora la poesía gauchesca haya influido en los
payadores y éstos abunden también en criollis-
mos, pero en el principio no ocurrió así, y tenemos una prueba (que nadie ha señalado) en el
Martín Fierro.

El *Martín Fierro* está redactado en un español
de entonación gauchesca y no nos deja olvidar
durante mucho tiempo que es un gaucho el que
canta; abunda en comparaciones tomadas de la
vida pastoril; sin embargo, hay un pasaje famoso
en que el autor olvida esta preocupación de color
local y escribe en un español general, y no habla
de temas vernáculos, sino de grandes temas abstractos, del tiempo, del espacio, del mar, de la
noche. Me refiero a la payada entre Martín Fierro
y el Moreno, que ocupa el fin de la segunda parte. Es como si el mismo Hernández hubiera querido indicar la diferencia entre su poesía gauchesca y la genuina poesía de los gauchos. Cuando esos dos gauchos, Fierro y el Moreno, se

ponen a cantar, olvidan toda afectación gauchesca y abordan temas filosóficos. He podido comprobar lo mismo oyendo a payadores de las orillas; éstos rehuyen el versificar en orillero o lun-
fardo y tratan de expresarse con corrección.
Desde luego fracasan, pero su propósito es hacer
de la poesía algo alto; algo distinguido, podríamos decir con una sonrisa

La idea de que la poesía argentina debe abundar en rasgos diferenciales argentinos y en color
local argentino me parece una equivocación. Si
nos preguntan qué libro es más argentino, el
Martín Fierro o los sonetos de *La urna* de Enrique
Banchs, no hay ninguna razón para decir que es
más argentino el primero. Se dirá que en *La urna*
de Banchs no están el paisaje argentino, la topo-
grafía argentina, la botánica argentina, la zoolo-
gía argentina; sin embargo, hay otras condiciones argentinas en *La urna*.

Recuerdo ahora unos versos de *La urna* que
parecen escritos para que no pueda decirse que es
un libro argentino; son los que dicen: «...El sol en
los tejados / y en las ventanas brilla. Ruiseñores /
quieren decir que están enamorados».

Aquí parece inevitable condenar: «El sol en
los tejados y en las ventanas brilla». Enrique
Banchs escribió estos versos en un suburbio de

Buenos Aires, y en los suburbios de Buenos Aires no hay tejados, sino azoteas; «ruiseñores quieren decir que están enamorados»; el ruiseñor es menos un pájaro de la realidad que de la literatura, de la tradición griega y germánica. Sin embargo, yo diría que en el manejo de estas imágenes convencionales, en esos tejados y en esos ruiseñores anómalos, no estarán desde luego la arquitectura ni la ornitología argentinas, pero están el pudor argentino, la reticencia argentina; la circunstancia de que Banchs, al hablar de ese gran dolor que lo abrumaba, al hablar de esa mujer que lo había dejado y había dejado vacío el mundo para él, recurra a imágenes extranjeras y convencionales como los tejados y los ruiseñores, es significativa: significativa del pudor, de la desconfianza, de las reticencias argentinas; de la dificultad que tenemos para las confidencias, para la intimidad.

Además, no sé si es necesario decir que la idea de que una literatura debe definirse por los rasgos diferenciales del país que la produce es una idea relativamente nueva; también es nueva y arbitraria la idea de que los escritores deben buscar temas de sus países. Sin ir más lejos, creo que Racine ni siquiera hubiera entendido a una persona que le hubiera negado su derecho al título de poeta francés por haber buscado temas griegos y latinos. Creo que Shakespeare se habría asombrado si hubieran pretendido limitarlo a temas ingleses, y si le hubiesen dicho que, como inglés, no tenía derecho a escribir *Hamlet,* de tema escandinavo, o *Macbeth,* de tema escocés. El culto argentino del color local es un reciente culto europeo que los nacionalistas deberían rechazar por foráneo.

He encontrado días pasados una curiosa confirmación de que lo verdaderamente nativo suele y puede prescindir del color local; encontré esta confirmación en la *Historia de la declinación y caída del Imperio Romano* de Gibbon. Gibbon observa que en el libro árabe por excelencia, en el Alcorán, no hay camellos; yo creo que si hubiera alguna duda sobre la autenticidad del Alcorán bastaría esta ausencia de camellos para probar que es árabe. Fue escrito por Mahoma, y Mahoma, como árabe, no tenía por qué saber que los camellos eran especialmente árabes; eran para él parte de la realidad, no tenía por qué distinguirlos; en cambio, un falsario, un turista, un nacionalista árabe, lo primero que hubiera hecho es prodigar camellos, caravanas de camellos en cada página; pero Mahoma, como árabe, estaba tranquilo: sabía que podía ser árabe sin camellos. Creo que los argentinos podemos parecernos a Mahoma, podemos creer en la posibilidad de ser argentinos sin abundar en color local.

Séame permitida aquí una confidencia, una mínima confidencia. Durante muchos años, en libros ahora felizmente olvidados, traté de redactar el sabor, la esencia de los barrios extremos de Buenos Aires; naturalmente abundé en palabras locales, no prescindí de palabras como cuchilleros, milonga, tapia, y otras, y escribí así aquellos olvidables y olvidados libros; luego, hará un año, escribí una historia que se llama «La muerte y la brújula» que es una suerte de pesadilla, una pesadilla en que figuran elementos de Buenos Aires deformados por el horror de la pesadilla; pienso allí en el Paseo Colón y lo llamo Rue de Toulon, pienso en las quintas de Adrogué y las llamo Triste-le-Roy; publicada esa historia, mis amigos me dijeron que al fin habían encontrado en lo que yo escribía el sabor de las afueras de Buenos Aires. Precisamente porque no me había propuesto encontrar ese sabor, porque me había abandonado al sueño, pude lograr, al cabo de tantos años, lo que antes busqué en vano.

Ahora quiero hablar de una obra justamente ilustre que suelen invocar los nacionalistas. Me refiero a *Don Segundo Sombra* de Güiraldes. Los nacionalistas nos dicen que *Don Segundo Som-*

bra es el tipo de libro nacional; pero si comparamos *Don Segundo Sombra* con las obras de la tradición gauchesca, lo primero que notamos son diferencias. *Don Segundo Sombra* abunda en metáforas de un tipo que nada tiene que ver con el habla de la campaña y sí con las metáforas de los cenáculos contemporáneos de Montmartre. En cuanto a la fábula, a la historia, es fácil comprobar en ella el influjo del *Kim* de Kipling, cuya acción está en la India y que fue escrito, a su vez, bajo el influjo de *Huckleberry Finn* de Mark Twain, epopeya del Misisipí. Al hacer esta observación no quiero rebajar el valor de *Don Segundo Sombra;* al contrario, quiero hacer resaltar que para que nosotros tuviéramos ese libro fue necesario que Güiraldes recordara la técnica poética de los cenáculos franceses de su tiempo, y la obra de Kipling que había leído hacía muchos años; es decir, Kipling, y Mark Twain, y las metáforas de los poetas franceses fueron necesarios para este libro argentino, para este libro que no es menos argentino, lo repito, por haber aceptado esas influencias.

Quiero señalar otra contradicción: los nacionalistas simulan venerar las capacidades de la mente argentina pero quieren limitar el ejercicio poético de esa mente a algunos pobres temas locales, como si los argentinos sólo pudiéramos hablar de orillas y estancias y no del universo.

Pasemos a otra solución. Se dice que hay una tradición a la que debemos acogernos los escritores argentinos, y que esa tradición es la literatura española. Este segundo consejo es desde luego un poco menos estrecho que el primero, pero también tiende a encerrarnos; muchas objeciones podrían hacérsele, pero basta con dos. La primera es ésta: la historia argentina puede definirse sin equivocación como un querer apartarse de España, como un voluntario distanciamiento de España. La segunda objeción es ésta: entre nosotros el placer de la literatura española, un placer que yo personalmente comparto, suele ser un gusto adquirido; yo muchas veces he prestado, a personas sin versación literaria especial, obras francesas e inglesas, y estos libros han sido gustados inmediatamente, sin esfuerzo. En cambio, cuando he propuesto a mis amigos la lectura de libros españoles, he comprobado que estos libros les eran difícilmente gustables sin un aprendizaje especial; por eso creo que el hecho de que algunos ilustres escritores argentinos escriban como españoles es menos el testimonio de una capacidad heredada que una prueba de la versatilidad argentina.

Llego a una tercera opinión que he leído hace poco sobre los escritores argentinos y la tradición, y que me ha asombrado mucho. Viene a decir que nosotros, los argentinos, estamos desvinculados del pasado; que ha habido como una solución de continuidad entre nosotros y Europa. Según este singular parecer, los argentinos estamos como en los primeros días de la creación; el hecho de buscar temas y procedimientos europeos es una ilusión, un error; debemos comprender que estamos esencialmente solos, y no podemos jugar a ser europeos.

Esta opinión me parece infundada. Comprendo que muchos la acepten, porque esta declaración de nuestra soledad, de nuestra perdición, de nuestro carácter primitivo tiene, como el existencialismo, los encantos de lo patético. Muchas personas pueden aceptar esta opinión porque una vez aceptada se sentirán solas, desconsoladas y, de algún modo, interesantes. Sin embargo, he observado que en nuestro país, precisamente por ser un país nuevo, hay un gran sentido del tiempo. Todo lo que ha ocurrido en Europa, los dramáticos acontecimientos de los últimos años de Europa, han resonado profundamente aquí. El hecho de que una persona fuera partidaria de los franquistas o de los republica-

nos durante la guerra civil española, o fuera partidaria de los nazis o de los aliados, ha determinado en muchos casos peleas y distanciamientos
muy graves. Esto no ocurriría si estuviéramos
desvinculados de Europa. En lo que se refiere a la
historia argentina, creo que todos nosotros la
sentimos profundamente; y es natural que la sin-
tamos, porque está, por la cronología y por la
sangre, muy cerca de nosotros; los nombres, las
batallas de las guerras civiles, la guerra de la independencia, todo está, en el tiempo y en la tradición familiar, muy cerca de nosotros.

¿Cuál es la tradición argentina? Creo que podemos contestar fácilmente y que no hay problema en esta pregunta. Creo que nuestra tradición
es toda la cultura occidental, y creo también que
tenemos derecho a esta tradición, mayor que el
que pueden tener los habitantes de una u otra nación occidental. Recuerdo aquí un ensayo de
Thorstein Veblen, sociólogo norteamericano,
sobre la preeminencia de los judíos en la cultura
occidental. Se pregunta si esta preeminencia permite conjeturar una superioridad innata de los
judíos, y contesta que no; dice que sobresalen en
la cultura occidental, porque actúan dentro de
esa cultura y al mismo tiempo no se sienten ata-
dos a ella por una devoción especial; «por eso

–dice– a un judío siempre le será más fácil que a un occidental no judío innovar en la cultura occidental»; y lo mismo podemos decir de los irlandeses en la cultura de Inglaterra. Tratándose de los irlandeses, no tenemos por qué suponer que la profusión de nombres irlandeses en la literatura y la filosofía británica se deba a una preeminencia racial, porque muchos de esos irlandeses ilustres (Shaw, Berkeley, Swift) fueron descendientes de ingleses, fueron personas que no tenían sangre celta; sin embargo, les bastó el hecho de sentirse irlandeses, distintos, para innovar en la cultura inglesa. Creo que los argentinos, los sudamericanos en general, estamos en una situación análoga; podemos manejar todos los temas europeos, manejarlos sin supersticiones, con una irreverencia que puede tener, y ya tiene, consecuencias afortunadas.

Esto no quiere decir que todos los experimentos argentinos sean igualmente felices; creo que este problema de la tradición y de lo argentino es simplemente una forma contemporánea, y fugaz del eterno problema del determinismo. Si yo voy a tocar la mesa con una de mis manos, y me pregunto: ¿la tocaré con la mano izquierda o con la mano derecha?; y luego la toco con la mano derecha, los deterministas dirán que yo no podía obrar de otro modo y que toda la historia anterior del universo me obligaba a tocarla con la mano derecha, y que tocarla con la mano izquierda hubiera sido un milagro. Sin embargo, si la hubiera tocado con la mano izquierda me habrían dicho lo mismo: que había estado obligado a tocarla con esa mano. Lo mismo ocurre con los temas y procedimientos literarios. Todo lo que hagamos con felicidad los escritores argentinos pertenecerá a la tradición argentina, de igual modo que el hecho de tratar temas italianos pertenece a la tradición de Inglaterra por obra de Chaucer y de Shakespeare.

Creo, además, que todas estas discusiones previas sobre propósitos de ejecución literaria están basadas en el error de suponer que las intenciones y los proyectos importan mucho. Tomemos el caso de Kipling: Kipling dedicó su vida a escribir en función de determinados ideales políticos, quiso hacer de su obra un instrumento de propaganda y, sin embargo, al fin de su vida hubo de confesar que la verdadera esencia de la obra de un escritor suele ser ignorada por éste; y recordó el caso de Swift que al escribir *Los viajes de Gulliver* quiso levantar un testimonio contra la humanidad y dejó, sin embargo, un libro para niños. Platón dijo que los poetas son amanuenses de un dios, que los anima contra su voluntad, contra sus propósitos, como el imán anima a una serie de anillos de hierro.

Por eso repito que no debemos temer y que debemos pensar que nuestro patrimonio es el universo; ensayar todos los temas, y no podemos concretarnos a lo argentino para ser argentinos: porque o ser argentino es una fatalidad, y en ese caso lo seremos de cualquier modo, o ser argentino es una mera afectación, una máscara.

Creo que si nos abandonamos a ese sueño voluntario que se llama la creación artística, seremos argentinos y seremos, también, buenos o tolerables escritores.

Notas

H. G. Wells y las parábolas: *The Croquet Player. Star Begotten*

Este año, Wells ha publicado dos libros. El primero –*The Croquet Player*– describe una región pestilencial de confusos pantanos en la que empiezan a ocurrir cosas abominables; al cabo comprendemos que esa región es todo el planeta. El otro –*Star Begotten*– presenta una amistosa conspiración de los habitantes de Marte para regenerar la humanidad por medio de emisiones de rayos cósmicos. Nuestra cultura está amenazada por un renacimiento monstruoso de la estupidez y de la crueldad, quiere significar el primero; nuestra cultura puede ser renovada por una generación un poco distinta, murmura el otro. Los dos libros son dos parábolas, los dos libros plantean el viejo pleito de las alegorías y de los símbolos.

Todos propendemos a creer que la interpretación agota los símbolos. Nada más falso. Busco un ejemplo elemental: el de una adivinanza. Nadie ignora que a Edipo le interrogó la Esfinge tebana: «¿Cuál es el animal que tiene cuatro pies en el alba, dos al mediodía y tres en la tarde?». Nadie tampoco ignora que Edipo respondió que era el hombre. ¿Quién de nosotros no percibe inmediatamente que el desnudo concepto de *hombre* es inferior al mágico animal que deja entrever la pregunta y a la asimilación del hombre común a ese monstruo variable y de setenta años a un día y del bastón de los ancianos a un tercer pie? Esa naturaleza plural es propia de todos los símbolos. Las alegorías, por ejemplo, proponen al lector una doble o triple intuición, no unas figuras que se pueden canjear por nombres sustantivos abstractos. «Los caracteres alegóricos», advierte acertadamente De Quincey *(Writings,* onceno tomo, pág. 199), «ocupan un lugar intermedio entre las realidades absolutas de la vida humana y las puras abstracciones del entendimiento lógico». La hambrienta y flaca loba del primer canto de la *Divina Comedia* no es un emblema o letra de la avaricia: es una loba y es también la avaricia, como en los sueños. No desconfiemos demasiado de esa duplicidad; para los místicos el mundo concreto no es más que un sistema de símbolos...

De lo anterior me atrevo a inferir que es absurdo reducir una historia a su moraleja, una parábola a su mera intención, una «forma» a su «fondo». (Ya Schopenhauer ha observado que el público se fija raras veces en la forma, y siempre en el fondo.) En *The Croquet Player* hay una forma que podemos condenar o aprobar, pero no negar; el cuento *Star Begotten,* en cambio, es del todo amorfo. Una serie de vanas discusiones agotan el volumen. El argumento –la inexorable variación del género humano por obra de los rayos cósmicos– no ha sido realizado; apenas si los protagonistas discuten su posibilidad. El efecto es muy poco estimulante. ¡Qué lástima que a Wells no se le haya ocurrido este libro!, piensa con nostalgia el lector. Su anhelo es razonable: el Wells que el argumento exigía no era el conversador enérgico y vago del *World of William Clissold* y de las imprudentes enciclopedias. Era el otro, el antiguo narrador de milagros atroces: el de la historia del viajero que trae del porvenir una flor marchita, el de la historia de los hombres bestiales que gangosean en la noche un credo servil, el de la historia del traidor que huyó de la luna.

EDWARD KASNER AND JAMES NEWMAN: *Mathematics and the Imagination* (Simon and Schuster).

Revisando la biblioteca, veo con admiración que las obras que más he releído y abrumado de notas manuscritas son el *Diccionario de la filosofía* de Mauthner, la *Historia biográfica de la filosofía* de Lewes, la *Historia de la guerra de 1914-1918* de Liddell Hart, la *Vida de Samuel Johnson* de Boswell y la psicología de Gustav Spiller: *The Mind of Man*, 1902. A ese heterogéneo catálogo (que no excluye obras que tal vez son meras costumbres, como la de G. H. Lewes) preveo que los años agregarán este libro amenísimo.

Sus cuatrocientas páginas registran con claridad los inmediatos y accesibles encantos de las matemáticas, los que hasta un mero hombre de letras puede entender, o imaginar que entiende: el incesante mapa de Brouwer, la cuarta

dimensión que entrevió More y que declara in-
tuir Howard Hinton, la levemente obscena tira
de Moebius, los rudimentos de la teoría de los
números transfinitos, las ocho paradojas de
Zenón, las líneas paralelas de Desargues que en
el infinito se cortan, la notación binaria que
Leibniz descubrió en los diagramas del I King,
la bella demostración euclidiana de la infinitud
estelar de los números primos, el problema de
la torre de Hanoi, el silogismo dilemático o bi-
cornuto.

De este último, con el que jugaron los griegos
(Demócrito jura que los abderitanos son mentirosos, pero Demócrito es abderitano: luego Demócrito miente: luego no es cierto que los abderitanos son mentirosos: luego Demócrito no
miente: luego es verdad que los abderitanos son
mentirosos; luego Demócrito miente; luego...)
hay casi innumerables versiones que no varían
de método, pero sí de protagonistas y de fábula.
Aulo Gelio (*Noches áticas,* libro quinto, capítulo X) recurre a un orador y a su alumno; Luis Ba-
rahona de Soto (*Angélica,* onceno canto), a dos
esclavos; Miguel de Cervantes (*Quijote,* segunda
parte, capítulo LI), a un río, a un puente y a una
horca; Jeremy Taylor, en alguno de sus sermones,
a un hombre que ha soñado con una voz que le

revela que todos los sueños son vanos; Bertrand
Russell (*Introduction to Mathematical Philosophy,*
pág. 136), al conjunto de todos los conjuntos que
no se incluyen a sí mismos.

A esas perplejidades ilustres, me atrevo a
agregar ésta:

En Sumatra, alguien quiere doctorarse de adi-
vino. El brujo examinador le pregunta si será reprobado o si pasará. El candidato responde que
será reprobado... Ya se presiente la infinita continuación.

GERALD HEARD: *Pain, Sex and Time* (Cassell).

A principios de 1896, Bernard Shaw percibió que
en Friedrich Nietzsche había un académico inep-
to, cohibido por el culto supersticioso del Renacimiento y los clásicos (*Our Theatres in the Nine-
ties,* tomo segundo, pág. 94). Lo innegable es que
Nietzsche, para comunicar al siglo de Darwin su
conjetura evolucionista del Superhombre, lo
hizo en un libro carcomido, que es una desairada
parodia de todos los *Sacred Books of the East.* No
arriesgó una sola palabra sobre la anatomía o
psicología de la futura especie biológica; se limi-
tó a su moralidad, que identificó (temeroso del

presente y del porvenir) con la de César Borgia y
los vikings[1].

1. Alguna vez *(Historia de la eternidad)* he procurado enumerar o
recopilar todos los testimonios de la doctrina del Eterno Regreso
que fueron anteriores a Nietzsche. Ese vano propósito excede la
brevedad de mi erudición y de la vida humana. A los testimonios
ya registrados básteme agregar, por ahora, el del padre Feijoo *(Tea-*
tro crítico universal, tomo cuarto, discurso doce). Éste, como Sir
Thomas Browne, atribuye la doctrina a Platón. La formula así: «Uno
de los delirios de Platón fue, que absuelto todo el círculo del *año*
magno (así llamaba a aquel espacio de tiempo en que todos los astros,
después de innumerables giros, se han de restituir a la misma postu-
ra y orden que antes tuvieron entre sí), se han de renovar todas las cosas; esto es, han de volver a aparecer sobre el teatro del mundo los
mismos actores a representar los mismos sucesos, cobrando nueva
existencia hombres, brutos, plantas, piedras; en fin, cuanto hubo
animado e inanimado en los anteriores siglos para repetirse en ellos
los mismos ejercicios, los mismos acontecimientos, los mismos juegos de la fortuna que tuvieron en su primera existencia». Son palabras de 1730; las repite el tomo LVI de la Biblioteca de Autores Españoles. Declaran bien la justificación *astrológica* del Regreso.
En el *Timeo,* Platón afirma que los siete planetas, equilibradas sus
diversas velocidades, regresarán al punto inicial de partida, pero
no infiere de ese vasto circuito una repetición puntual de la historia. Sin embargo, Lucilio Vanini declara: «De nuevo Aquiles irá a
Troya; renacerán las ceremonias y religiones; la historia humana se
repite; nada hay ahora que no fue; lo que ha sido, será; pero todo
ello en general, no (como determina Platón) en particular». Lo
escribió en 1616; lo cita Burton en la cuarta sección de la tercera
parte del libro *The Anatomy of Melancholy.* Francis Bacon *(Essay,*
LVIII, 1625) admite que, cumplido el año platónico, los astros
causarán los mismos efectos genéricos, pero niega su virtud para
repetir los mismos individuos.

Heard corrige, a su modo, las negligencias y omisiones de Zarathustra. Linealmente, el estilo de que dispone es harto inferior; para una lectura seguida, es más tolerable. Descree de una superhumanidad, pero anuncia una vasta evolución de las facultades humanas. Esa evolución mental no requiere siglos: hay en los hombres un infatigable depósito de energía nerviosa, que les permite ser incesantemente sexuales, a diferencia de las otras especies cuya sexualidad es periódica. «La historia», escribe Heard, «es parte de la historia natural. La historia humana es biología, acelerada psicológicamente».

La posibilidad de una evolución ulterior de nuestra conciencia del tiempo es quizá el tema básico de nuestro libro. Heard opina que los animales carecen totalmente de esa conciencia y que su vida discontinua y orgánica es una pura actualidad. Esa conjetura es antigua, ya Séneca la había razonado en la última de las epístolas a Lucilio: *Animalibus tantum, quod brevissimum est in transcursu, datum, proesens...* También abunda en la literatura teosófica. Rudolf Steiner compara la estadía inerte de los minerales a la de los cadáveres; la vida silenciosa de las plantas a la de los hombres que duermen; las atenciones momentáneas del animal a las del negligente soñador que sueña incoherencias. En el tercer volumen de su admirable *Woerterbuch der Philosophie*, observa Fritz Mauthner: «Parece que los animales no tienen sino oscuros presentimientos de la sucesión temporal y de la duración. En cambio, el hombre, cuando es además un psicólogo de la nueva escuela, puede diferenciar en el tiempo dos impresiones que sólo estén separadas por 1/500 de segundo». En un libro póstumo de Guyau –*La Genèse de l'Idée de Temps*, 1890– hay dos o tres pasajes análogos. Uspenski (*Tertium Organum*, capítulo IX) encara no sin elocuencia el problema; afirma que el mundo de los animales es bidimensional y que son incapaces de concebir una esfera o un cubo. Todo ángulo es para ellos una moción, un suceso en el tiempo... Como Edward Carpenter, como Leadbeater, como Dunne, Uspenski profetiza que nuestras mentes prescindirán del tiempo lineal, sucesivo, y que intuirán el universo de un modo angélico; *sub specie aeternitatis*.

A la misma conclusión llega Heard, en un lenguaje a veces contaminado de *patois* psiquiátrico y sociológico. Llega, o creo que llega. En el primer capítulo de su libro afirma la existencia de un tiempo inmóvil que nosotros los hombres atravesamos. Ignoro si ese memorable dictamen es una mera negación metafórica del tiempo cósmico, uniforme, de Newton o si literalmente afirma la coexistencia del pasado, del presente y del porvenir. En el último caso (diría Dunne) el tiempo inmóvil degenera en espacio y nuestro movimiento de traslación exige *otro* tiempo...

Que de algún modo evolucione la percepción del tiempo, no me parece inverosímil y es, quizá, inevitable. Que esa evolución pueda ser muy brusca me parece una gratuidad del autor, un estímulo artificial.

GILBERT WATERHOUSE: *A Short History of German literature* (Methuen, London, 1943).

Equidistantes del marqués de Laplace (que declaró la posibilidad de cifrar en una sola fórmula todos los hechos que serán, que son y que han sido) y del inversamente paradójico doctor Rojas (cuya historia de la literatura argentina es más extensa que la literatura argentina), el señor Gilbert Waterhouse ha redactado en ciento cuarenta páginas una historia no siempre inadecuada de la literatura alemana. El examen de este manual no incita ni al agravio ni al ditirambo; su defecto más evidente, y acaso inevitable, es el que

De Quincey reprocha a los juicios críticos alemanes: la omisión de ejemplos ilustrativos. Tampoco es generoso conceder exactamente una *línea* al múltiple Novalis y abusar de esa línea para ubicarlo en un católogo subalterno de novelistas cuyo modelo fue el *Wilhelm Meister.* (Novalis condenó el *Wilhelm Meister;* Novalis, famosamente, dijo de Goethe: «Es un poeta práctico. Es en las obras lo que en la mercadería son los ingleses: pulcro, sencillo, cómodo, resistente».) La tradicional exclusión de Schopenhauer y de Fritz Mauthner me indigna, pero no me sorprende ya: el horror de la palabra *filosofía* impide que los críticos reconozcan, en el *Woerterbuch* de uno y en los *Parerga und Paralipomena* de otro, los más inagotables y agradables libros de ensayos de la literatura alemana.

Los alemanes parecen incapaces de obrar sin algún aprendizaje alucinatorio: pueden librar felices batallas o redactar lánguidas e infinitas novelas, pero sólo a condición de creerse «arios puros», o vikings maltratados por los judíos, o actores de la *Germania* de Tácito. (Sobre esta singular esperanza retrospectiva Friedrich Nietzsche ha opinado: «Todos los germanos auténticos emigraron; la Alemania de hoy es un puesto avanzado de los eslavos y prepara el camino para la rusificación de Europa.» Una respuesta análoga merecen los españoles, que se proclaman nietos de los conquistadores de América: los nietos somos los sudamericanos, nosotros; ellos son los sobrinos...) Notoriamente, los dioses han negado a los alemanes la belleza espontánea. Esa privación define lo trágico del culto shakesperiano alemán, que de algún modo se parece a un amor desdichado. El alemán (Lessing, Herder, Goethe, Novalis, Schiller, Schopenhauer, Nietzsche, Stefan George...) siente con misteriosa intimidad el mundo de Shakespeare, al mismo tiempo que se sabe incapaz de crear con ese ímpetu y con esa inocencia, con esa delicada felicidad y con ese negligente esplendor. *Unser Shakespeare* –«nuestro Shakespeare»–, dicen, o dijeron, los alemanes, pero se saben destinados a un arte de naturaleza distinta: arte de símbolos premeditados o de tesis polémicas. No se puede recorrer un libro como el de Gundolf –*Shakespeare und der deutsche Geist*– o como el de Pascal –*William Shakespeare in Germany*– sin percibir esa nostalgia o discordia de la inteligencia alemana, esa tragedia secular cuyo actor no es un hombre, sino muchas generaciones humanas.

Los hombres de otras tierras pueden ser distraídamente atroces, eventualmente heroicos; los alemanes requieren seminarios de abnegación, éticas de la infamia.

De las historias breves de la literatura alemana, la mejor, que yo sepa, es la de Karl Heinemann, publicada por Kroener; la más evitable y penosa, la del doctor Max Koch, invalidada por supersticiones patrióticas y temerariamente inferida al idioma español por una editorial catalana.

LESLIE D. WEATHERHEAD: *After Death* (The Epworth Press, London, 1942).

Yo he compilado alguna vez una antología de la literatura fantástica. Admito que esa obra es de las poquísimas que un segundo Noé debería salvar de un segundo diluvio, pero delato la culpable omisión de los insospechados y mayores maestros del género: Parménides, Platón, Juan Escoto Erigena, Alberto Magno, Spinoza, Leibniz, Kant, Francis Bradley. En efecto, ¿qué son los prodigios de Wells o de Edgar Allan Poe –una flor que nos llega del porvenir, un muerto sometido a la hipnosis– confrontados con la invención de Dios, con la teoría laboriosa de un ser que de algún modo es tres y que solitariamente perdura *fuera del tiempo*? ¿Qué es la piedra bezoar ante la armo-

nía preestablecida, quién es el unicornio ante la
Trinidad, quién es Lucio Apuleyo ante los multi-
plicadores de Buddhas del Gran Vehículo, qué
son todas las noches de Shahrazad junto a un argumento de Berkeley? He venerado la gradual
invención de Dios; también el Infierno y el Cielo
(una remuneración inmortal, un castigo inmortal) son admirables y curiosos designios de la
imaginación de los hombres.

Los teólogos definen el Cielo como un lugar de
sempiterna gloria y ventura y advierten que ese
lugar no es el dedicado a los tormentos infernales.
El cuarto capítulo de este libro muy razonable-
mente niega esa división. Arguye que el Infierno
y el Cielo no son localidades topográficas, sino
estados extremos del alma. Plenamente concuer-
da con André Gide (*Journal*, pág. 677), que habla
de un Infierno inmanente, ya declarado por el
verso de Milton: *Which way I fly is Hell; myself am
Hell;* parcialmente con Swedenborg, cuyas irre-
mediables almas perdidas prefieren las cavernas y
los pantanos al esplendor insoportable del Cielo.
Weatherhead propone la tesis de un solo heterogéneo ultramundo, alternativamente infernal y
paradisíaco, según la capacidad de las almas.

Para casi todos los hombres, los conceptos de
Cielo y de felicidad son inseparables. En la déca-

Discusión

da final del siglo XIX, Butler proyectó, sin embargo, un Cielo en el que todas las cosas se frustraran ligeramente (pues nadie puede tolerar una dicha total) y un Infierno correlativo, en el que faltara todo estímulo desagradable, salvo los que prohíben el sueño. Bernard Shaw, hacia 1902, instaló en el Infierno las ilusiones de la erótica, de la abnegación, de la gloria y del puro amor imperecedero; en el Cielo, la comprensión de la realidad (*Man and Superman,* tercer acto). Weatherhead es un mediocre y casi inexistente escritor, estimulado por lecturas piadosas, pero intuye que la directa persecución de una pura y perpetua felicidad no será menos irrisoria del otro lado de la muerte que de éste. Escribe: «La concepción más alta de las experiencias gozosas que hemos denominado Cielo es la de servir: es la de una plena y libre participación en la obra de Cristo. Esto podrá ocurrir entre otros espíritus, tal vez en otros mundos; quizá podremos ayudar a que el nuestro se salve.» En otro capítulo afirma: «El dolor del Cielo es intenso, pues cuanto más hayamos evolucionado en este mundo tanto más podremos compartir en el otro la vida de Dios. Y la vida de Dios es dolorosa. En su corazón están los pecados, las penas, todo el sufrimiento del mundo. Mientras quede un solo pecador en el universo, no habrá felicidad en el

Cielo.» (Orígenes, afirmador de una reconciliación final del Creador con todas las criaturas, incluso el diablo, ya ha soñado ese sueño.)

No sé qué opinará el lector de tales conjeturas semiteosóficas. Los católicos (léase los católicos argentinos) creen en un mundo ultraterreno, pero he notado que no se interesan en él. Conmigo ocurre lo contrario; me interesa y no creo.

M. DAVIDSON: *The Free Will Controversy* (Watts, London, 1943).

Este volumen quiere ser una historia de la vasta polémica secular entre deterministas y partidarios del albedrío. No lo es o imperfectamente lo es, a causa del erróneo método que ha ejercido el autor. Éste se limita a exponer los diversos sistemas filosóficos y a fijar la doctrina de cada uno en lo referente al problema. El método es erróneo o insuficiente, porque se trata de un problema especial cuyas mejores discusiones deben buscarse en textos especiales, no en algún párrafo de las obras canónicas. Que yo sepa, esos textos son el ensayo *The Silemma of Determinism* de James, el quinto libro de la obra *De consolatione Phisophiae* de Boecio, y los tratados *De divinatione* y *De fato* de Cicerón.

La más antigua de las formas del determinismo es la astrología judiciaria. Así lo entiende Davidson y le dedica los primeros capítulos de su libro. Declara los influjos de los planetas, pero no expone con una claridad suficiente la doctrina estoica de los presagios, según la cual, formando un todo el universo, cada una de sus partes prefigura (siquiera de un modo secreto) la historia de las otras. «Todo cuanto ocurre es un signo de algo que ocurrirá», dijo Séneca *(Naturales quaestiones,* II, 32). Ya Cicerón había explicado: «No admiten los estoicos que los dioses intervengan en cada hendidura del hígado o en cada canto de las aves, cosa indigna, dicen, de la majestad divina e inadmisible de todo punto; sosteniendo, por el contrario, que de tal manera se encuentra ordenado el mundo desde el principio, que a determinados acontecimientos preceden determinadas señales que suministran las entrañas de las aves, los rayos, los prodigios, los astros, los sueños y los furores proféticos... Como todo sucede por el hado, si existiese un mortal cuyo espíritu pudiera abarcar el encadenamiento general de las causas, sería infalible; pues el que conoce las causas de todos los acontecimientos futuros, prevé necesariamente el porvenir.» Casi dos mil años después, el marqués de Laplace jugó con la posibili-

dad de cifrar en una sola fórmula matemática todos los hechos que componen un instante del
mundo, para luego extraer de esa fórmula todo el
porvenir y todo el pasado.

Davidson omite a Cicerón; también omite al
decapitado Boecio. A éste deben los teólogos, sin
embargo, la más elegante de las reconciliaciones
del albedrío humano con la Providencia Divina.
¿Qué albedrío es el nuestro si Dios, antes de en-
cender las estrellas, conocía todos nuestros actos
y nuestros más recónditos pensamientos? Boecio
anota con penetración que nuestra servidumbre
se debe a la circunstancia de que Dios sepa de *antemano* cómo obraremos. Si el conocimiento divino fuera contemporáneo de los hechos y no
anterior, no sentiríamos que nuestro albedrío
queda anulado. Nos abate que nuestro futuro ya
esté, con minuciosa prioridad, en la mente de Alguien. Elucidado ese punto, Boecio nos recuerda
que para Dios, cuyo puro elemento es la eternidad, no hay antes ni después, ya que la diversidad
de los sitios y la sucesión de los tiempos es una y
simultánea para Él. Dios no prevé mi porvenir;
mi porvenir es una de las partes del único tiempo
de Dios, que es el inmutable presente. (Boecio,
en este argumento, da a la palabra *providencia* el
valor etimológico de *previsión;* ahí está la falacia,

pues la Providencia, como los diccionarios lo han divulgado, no se limita a prever los hechos; los ordena también.)

He mencionado a James, misteriosamente ignorado por Davidson, que dedica un misterioso capítulo a discutir con Haeckel. Los deterministas niegan que haya en el cosmos un solo hecho posible, *id est,* un hecho que pudo acontecer o no acontecer; James conjetura que el universo tiene un plan general, pero que las minucias de la ejecución de ese plan quedan a cargo de los actores[2]. ¿Cuáles son las minucias para Dios?, cabe preguntar. ¿El dolor físico y los destinos individuales, la ética? Es verosímil que así sea.

Sobre el doblaje

Las posibilidades del arte de combinar no son infinitas, pero suelen ser espantosas. Los griegos engendraron la quimera, monstruo con cabeza de león, con cabeza de dragón, con cabeza de cabra; los teólogos del siglo II, la Trinidad, en la que inextricablemente se articulan el Padre, el Hijo y

---

2. El principio de Heisenberg –hablo con temor y con ignorancia– no parece hostil a esa conjetura.

el Espíritu; los zoólogos chinos, el *tiyiang*, pájaro sobrenatural y bermejo, provisto de seis patas y de cuatro alas, pero sin cara ni ojos; los geómetras del siglo XIX, el hipercubo, figura de cuatro dimensiones, que encierra un número infinito de cubos y que está limitada por ocho cubos y por veinticuatro cuadrados. Hollywood acaba de enriquecer ese vano museo teratológico; por obra de un maligno artificio que se llama *doblaje*, propone monstruos que combinan las ilustres facciones de Greta Garbo con la voz de Aldonza Lorenzo. ¿Cómo no publicar nuestra admiración ante ese prodigio penoso, ante esas industriosas anomalías fonético-visuales?

Quienes defienden el doblaje razonarán (tal vez) que las objeciones que pueden oponérsele pueden oponerse, también, a cualquier otro ejemplo de traducción. Ese argumento desconoce, o elude, el defecto central: el arbitrario injerto de otra voz y de otro lenguaje. La voz de Hepburn o de Garbo no es contingente; es, para el mundo, uno de los atributos que las definen. Cabe asimismo recordar que la mímica del inglés no es la del español[3].

3. Más de un espectador se pregunta: Ya que hay usurpación de voces, ¿por qué no también de figuras? ¿Cuándo será perfecto el sis-

Oigo decir que en las provincias el doblaje ha
gustado. Trátase de un simple argumento de autoridad; mientras no se publiquen los silogismos
de los *connaisseurs* de Chilecito o de Chivilcoy,
yo, por lo menos, no me dejaré intimidar. También oigo decir que el doblaje es deleitable o tolerable, para los que no saben inglés. Mi conocimiento del inglés es menos perfecto que mi desconocimiento del ruso; con todo, yo no me
resignaría a rever *Alexander Nevsky* en otro idioma que el primitivo y lo vería con fervor, por no-
vena o décima vez, si dieran la versión original, o
una que yo creyera la original. Esto último es importante; peor que el doblaje, peor que la sustitución que importa el doblaje, es la conciencia general de una sustitución, de un engaño.

No hay partidario del doblaje que no acabe
por invocar la predestinación y el determinismo.
Juran que ese expediente es el fruto de una evolución implacable y que pronto podremos elegir
entre ver films doblados y no ver films. Dada la
decadencia mundial del cinematógrafo (apenas
corregida por alguna solitaria excepción como
La máscara de Demetrio), la segunda de esas al-

tema? ¿Cuándo veremos directamente a Juana González en el papel de Greta Garbo, en el papel de la reina Cristina de Suecia?

ternativas no es dolorosa. Recientes mamarra-
chos –pienso en *El diario de un nazi,* de Moscú,
en *La historia del doctor Wassell,* de Hollywood–
nos instan a juzgarla una suerte de paraíso negativo. *Sight-seeing is the art of disappointment,* dejó
anotado Stevenson; esa definición conviene al cinematógrafo y, con triste frecuencia, al continuo
ejercicio impostergable que se llama vivir.

El Dr. Jekyll y Edward Hyde, transformados.

Hollywood, por tercera vez, ha difamado a Ro-
bert Louis Stevenson. Esta difamación se titula
El hombre y la bestia: la ha perpetrado Victor Fleming, que repite con aciaga fidelidad los errores
estéticos y morales de la versión (de la perver-
sión) de Mamoulian. Empiezo por los últimos,
los morales. En la novela de 1886, el doctor
Jekyll es moralmente dual, como lo son todos
los hombres, en tanto que su hipóstasis –Edward Hyde– es malvada sin tregua y sin alea-
ción; en el film de 1941 el doctor Jekyll es un joven patólogo que ejerce la castidad, en tanto que
su hipóstasis –Hyde– es un calavera, con rasgos
de sadista y de acróbata. El Bien para los pensa-
dores de Hollywood, es el noviazgo con la pudo-

rosa y pudiente Miss Lana Turner; el Mal (que de
tal modo preocupó a David Hume y a los here-
siarcas de Alejandría), la cohabitación ilegal con
Fröken Ingrid Bergman o Miriam Hopkins. Inútil advertir que Stevenson es del todo inocente de
esa limitación o deformación del problema. En el
capítulo final de la obra, declara los defectos de
Jekyll: la sensualidad y la hipocresía; en uno de
los *Ethical Studies* –año de 1888– quiere enumerar «todas las manifestaciones de lo verdaderamente diabólico» y propone esta lista: «la envidia,
la malignidad, la mentira, el silencio mezquino, la
verdad calumniosa, el difamador, el pequeño ti-
rano, el quejoso envenenador de la vida domésti-
ca». (Yo afirmaría que la ética no abarca los hechos sexuales, si no los contamina la traición, la
codicia, o la vanidad.)

La estructura del film es aún más rudimental
que su teología. En el libro, la identidad de Jekyll
y de Hyde es una sorpresa: el autor la reserva
para el final del noveno capítulo. El relato alegó-
rico finge ser un cuento policial; no hay lector
que adivine que Hyde y Jekyll son la misma persona; el propio título nos hace postular que son
dos. Nada tan fácil como trasladar al cinematógrafo ese procedimiento. Imaginemos cualquier
problema policial: dos actores que el público re-

conoce figuran en la trama (George Raft y Spencer Tracy, digamos); pueden usar palabras análo-
gas, pueden mencionar hechos que presuponen
un pasado común; cuando el problema es indes-
cifrable, uno de ellos absorbe la droga mágica y se
cambia en el otro. (Por supuesto, la buena ejecución de este plan comportaría dos o tres reajus-
tes fonéticos: la modificación de los nombres de
los protagonistas.) Más civilizado que yo, Victor
Fleming elude todo asombro y todo misterio: en
las escenas iniciales del film, Spencer Tracy apu-
ra sin miedo el versátil brebaje y se transforma en
Spencer Tracy con distinta peluca y rasgos ne-
groides.

Más allá de la parábola dualista de Stevenson
y cerca de la *Asamblea de los pájaros* que compu-
so (en el siglo XII de nuestra era) Farid ud-din
Attar, podemos concebir un film panteísta cuyos
cuantiosos personajes; al fin, se resuelven en
Uno, que es perdurable.

Índice